« RÉPONSES »

Collection créée par Joëlle de Gravelaine,
dirigée par Sylvie Angel et Nathalie Le Breton

STÉPHANE SZERMAN

VIVRE ET REVIVRE

Comprendre la résilience

ROBERT LAFFONT

ISBN 2-221-10037-9

Préface

Nous nous sommes rencontrés à la Closerie, à l'heure du café. C'était en mai dernier, je ne sais plus si le soleil était radieux ou si l'une de ces furieuses pluies de printemps venait de tout repeindre en blanc, mais j'ai le souvenir d'une lumière intense, brillante. Stéphane Szerman venait de déjeuner avec une grande jeune fille aux cheveux clairs qu'il m'a présentée : « Julie, ma belle-fille. » Lorsqu'elle part, il me glisse avec un sourire, comme pour s'excuser, « elle ne va pas très bien ». Alors la conversation s'est engagée sur les enfants… chers enfants et si difficiles enfants… L'échange respirait le besoin de dire sans dire tout en effleurant.

En juin, nous nous sommes revus régulièrement, et ce sont plutôt des bouts de sa propre enfance que Stéphane me confie. Je ressors aussi de temps en temps mes cinq ans et la balançoire du jardin. Des liens pudiques et légers se tissent… Juillet passe, Stéphane part en Chine. Août arrive, Stéphane emmène toute sa tribu en Italie. « Ma famille, m'explique-t-il, mes deux garçons, et Sophie, ma femme, avec ses trois enfants. »

L'automne nous fera la grâce d'être « indien », doux et chaud. Aucun signe avant-coureur d'une terrible nouvelle, d'un « coup de tonnerre dans le ciel bleu » comme aime à dire Stéphane, quand il parle de traumatismes.

Le 1er novembre, la jeune fille à la chevelure claire s'est donné la mort.

« Ce qui est important, puisqu'elle s'est jetée d'une fenêtre et que j'étais auprès d'elle pendant les quelques minutes qui ont précédé sa mort, c'est que j'ai pu, en tenant sa main qui devenait de plus en plus froide, lui parler, lui dire que je comprenais, parce que je l'aimais… »

Je l'écoute, glacée par le récit du suicide. Je pense à cette si jeune fille de dix-huit ans, à sa mère, son père, à lui Stéphane, le « beau-père », thérapeute à la fois convaincu et prudent quand il parle des réparations de l'âme. Je me souviens de l'une de ses phrases : « Il faut du temps, beaucoup de temps. » Parce que, évidemment, une seule question se pose : comment allez-vous vivre, revivre après une telle douleur ?

Nous avons parlé. De Julie, de la vie, de sa mort, de l'enfer qu'elle traversait et imposait aux siens. Très vite, après sa naissance, la petite fille présente des troubles de comportement et le verdict tombera, toujours trop tard : schizophrénie. Chaque événement familial important, l'arrivée d'une petite sœur, d'un frère, la séparation des parents, fissure un peu plus sa fragile personnalité. Mythomanie, délires de persécution : plus les symptômes s'accumulent, plus la famille se resserre autour d'elle pour la soutenir. D'hospitalisation en traitements chimiques et psychanalytiques, Julie a « malgré tout » grandi. Dissociée c'est certain, mais brillante. Au lycée Louis-le-Grand, elle a ses heures de gloire ; ainsi elle crée et dirige un journal. Elle voyage, aime, puis entre en hypokhâgne, pour seulement quelques jours… Mais la souffrance mentale, sa difficulté à être « dans le monde » deviendront trop prégnantes.

L'écriture de *Vivre et revivre* précède le drame et pourtant répond, avant l'heure, à ce « comment » angoissé, à la question que l'on ne peut s'empêcher de poser encore et encore, pour peu que l'on soit parents. « Comment », oui, comment surmonter ce traumatisme, être dans la « résilience », dans le dépassement de la blessure provoquée par la perte d'un enfant ?

Stéphane Szerman est tout en nuances et précautions. Il a lui-même traversé des épreuves difficiles qu'il vous confiera dans ces pages. C'est « un résilient ». Aujourd'hui, il fait une nouvelle fois montre d'une formidable capacité de rebondissement et pose sur l'épreuve qu'il vit avec les siens et sur le double sentiment qui les taraude un regard d'une grande lucidité : tristesse de l'échec bien sûr, mais aussi fierté d'avoir réussi à accepter l'inacceptable. D'avoir soutenu et protégé le plus longtemps possible Julie, au moment même où toute une famille se retrouvait meurtrie, abîmée par le mal de vivre de l'enfant puis de l'adolescente.

Il souligne, vous le lirez, l'importance du chemin à parcourir pour réaliser un « projet de vie ». « Le chemin est plus important que l'objectif », dit-il. Il faut aussi du rire, de l'humour pour dépasser les déchirures, et de l'estime de soi. « Je comprends, murmure-t-il encore, qu'on puisse se laisser envahir par le désespoir, mais c'est une attitude médiocre puisque nous avons les armes pour nous battre. »

Et puis, il y a les enfants, les autres enfants, qu'il faut aider à grandir…

Avant de partir Julie lui a fait un cadeau. Elle était inscrite en arts plastiques à Paris-V et découvrait, après les classes préparatoires, la solitude des campus universitaires. Aiguillonné par leurs conversations, Stéphane Szerman s'est battu pour créer à la faculté une consultation gratuite pour les étudiants à haut niveau de stress ou victimes de déracinement.

Le hasard fait que la première consultation soit fixée au lendemain de la mort de Julie. Le 2 novembre, Stéphane annonce : « Malgré tout, il faut que je commence. »

Emmanuel Kant[1] a écrit : « Sur la grande carte de notre esprit, seules quelques places sont illuminées. » Il a suffi d'une fraction de seconde pour que j'imprime sur la table de mon esprit la chevelure claire de Julie… une place à jamais illuminée.

À deux fragiles équilibristes, Stéphane et Sophie.

Brigitte Vincent

1. E. Kant, *Anthropologie du point de vue pragmatique*, Paris, Vrin, 1994.

Vivre et revivre

Tu seras un homme
Si tu peux voir détruit l'ouvrage de ta vie,
Et sans dire un mot te mettre à rebâtir,
Ou, perdre d'un seul coup, le gain de cent parties,
Sans un geste et sans un soupir ;
[...]
Et, te sentant haï sans haïr à ton tour,
Pourtant lutter et te défendre,
[...]
Rêver, mais sans laisser ton rêve être ton maître,
Penser sans n'être qu'un penseur ;
[...]
Et, ce qui vaut mieux que les rois et la gloire,
Tu seras un homme, mon fils.

Rudyard Kipling[1]

Au commencement était le traumatisme ! À la fin se dessine un long et pénible chemin pour s'en sortir et la solitude du choix d'entrer ou non en harmonie avec soi-même, d'entrer ou non en « résilience ».

Je dois commencer par un aveu : tout petit déjà, je suis tombé à côté. À côté de quoi ? De l'harmonie, d'une vie « sans histoires ». C'est fou comme ma petite vie est pleine de grandes histoires ! En premier lieu, je n'aurais jamais écrit ce livre sans le drame qui est arrivé

1. Extrait de « Si », poème paru en France dans la traduction d'André Mauvois *in Les Silences du colonel Bramble*, Paris, Bernard Grasset, 1917.

à mon père, dans son jeune âge. Je vais vous le raconter. Je n'aurais jamais écrit ce livre si je n'avais pas vécu moi-même dans mon enfance deux grands chocs. Je vous en parlerai aussi. Sans tous ces fracas, je ne serais sans doute pas devenu un homme qui écoute les tragédies des autres, en particulier celles des enfants que je rencontre dans ma pratique thérapeutique.

Vous les entendrez, comme vous entendrez les gamins des rues de Bogota, de La Courneuve ou de Neuilly ; tous ceux qui sont nés ou ont grandi en « exil » d'eux-mêmes. À cause de qui, à cause de quoi ? Une blessure, une rupture, la perte de parents ou d'une patrie, un accident, une malchance, comme on dit. Chaque histoire est unique, et chaque enfant doit pouvoir parler de la sienne parce qu'il possède, en devenir, les ressources pour la transformer et se transformer. Il a juste besoin d'une main tendue pour se tenir droit et avancer…

Alors, partons en croisade. Personne ne mérite d'être abandonné sur le bas-côté de la route. Nous avons tous en nous le même potentiel de réparation.

Si on savait pourquoi et comment fonctionne le processus de résilience, est-ce que cela changerait quelque chose ? Notre regard serait-il différent face à celles et à ceux qui souffrent ? Que savons nous vraiment de l'Homme ? Pourquoi réduire l'autre à ce que nous voyons ou croyons voir ? Le monde des apparences est souvent trompeur, surtout quand les situations sont dramatiques. Si bien que l'étroitesse de nos jugements, de nos certitudes, fait de notre liberté de penser une prison. Une prison dans laquelle nous allons aveuglément – ou parfois volontairement – enfermer ceux qui nous entourent, sans égard particulier pour les plus fragiles.

L'équilibre n'existe pas dans les moments difficiles. Nous ne sommes que des équilibristes, des êtres en recherche de stabilité. Souvent les conséquences des traumatismes, chez les enfants ou les adolescents, se révèlent dramatiques avec le temps. Pour échapper à des troubles du comportement, à des pathologies de l'appareil psychique, il faut ce geste vital, la main tendue. Mais rien n'est jamais totalement gagné ni perdu puisque nous sommes en perpétuelle transformation !

Chez certains, il existe des perturbations après un traumatisme. Je vous proposerai des repères pour tenter de trouver des pistes dans le chaos qu'ils traversent. Et puis il y a les autres, qui ne présenteront jamais de troubles graves suite au même bouleversement.

Voici l'histoire d'Albert, mon père.

À six ans, Albert est définitivement séparé de ses parents qui ont été déportés à Auschwitz, après la rafle du Vél d'Hiv des 16 et 17 juillet 1942.

Entre 1942 et début 1943, il est placé dans de multiples familles d'accueil qui parfois le brutalisent (aujourd'hui, on parlerait de « maltraitance »). À huit ans, on le transfère à l'orphelinat de La Varenne pour le préparer à un meilleur avenir. Le 22 juillet 1944, sur ordre du capitaine SS Aloïs Brunner, a lieu l'« arrestation » des vingt-huit orphelins de La Varenne. Albert est souffrant, il est resté à l'infirmerie au premier étage et échappe, par hasard, à l'horreur. « Une personne non juive, employée à l'orphelinat, m'a emmené chez elle et c'est ainsi que j'ai survécu. Au petit matin, par peur des Allemands qui patrouillaient, cette dame m'a demandé de partir et j'ai été découvert par un couple de commerçants qui allaient chercher des bidons de lait. Ils m'ont conduit chez eux et ont fermé leur boutique plusieurs jours pour me protéger des recherches policières et des dénonciations. Je suis resté dans leur maison jusqu'au 25 août 1944, date de la libération de Saint-Maur, et jusqu'à ce qu'on vienne me chercher pour m'emmener chez un oncle », déclare-t-il[1].

Albert a grandi « malgré tout » dans la joie et l'espoir d'une vie plus heureuse grâce à sa nourrice, Blanc-Blanc. Il a fait face aux autres épreuves de la vie. Il se mariera, deviendra père et grand-père avec toujours le même sens de la drôlerie et de la dérision. La maxime « Vivre bien dans l'action et le plaisir » pourrait parfaitement le définir à l'aube de ses soixante-dix ans !

Sa résilience se sera manifestée dans le fait qu'il a toujours su se rendre « aimable » (au sens d'un être que l'on peut aimer) grâce à son humour mais aussi à une haute estime de lui-même.

« À ma mort, je souhaite une épitaphe simple : né le…, mort le…, et pour mon magasin vous mettrez que la vente continue quand même ! »

Les enfants que l'on appelle « résilients » sont ceux qui ont traversé trois étapes sans lâcher prise. Ils ont tout d'abord su s'adapter à une situation de crise aiguë ou durable qui menaçait leur intégrité physique et/ou psychique. Ensuite ils ont continué à se développer, « normalement ». Enfin, ils ont trouvé des réponses ou des réactions positives après la situation de traumatisme.

Il existe une multitude de formes d'adaptabilité. Avant l'apparition du concept de résilience n'étaient considérés face à une épreuve de la vie que les facteurs de risque et la vulnérabilité de la personne. Depuis, chez le même individu, le clinicien évalue aussi les potentialités de protection et d'adaptabilité. La résilience nous invite à percevoir l'être dans sa globalité

1. Extrait de : Groupe Saint-Maurien contre l'Oubli, *Les orphelins de la Varenne, 1941-1944*, Saint-Maur, Le Vieux Saint-Maur éditeur, 1995, p. 121-122. Aloïs Brunner vivrait actuellement en Syrie. Mon père est le seul témoin de l'arrestation des orphelins de La Varenne. L'Histoire n'est pas finie…

afin de comprendre comment il parvient à se construire malgré ou à partir d'un contexte adverse.

C'est ce qui m'est arrivé : mon histoire n'est pas extraordinaire, mais elle est exemplaire et pleine d'espoir, comme le sont souvent les témoignages que vous pourrez lire dans ce livre.

Je suis un « survivant », c'est ainsi qu'on parlait de moi à la maison quand j'étais enfant. Oh ! je n'ai pas traversé les mêmes épreuves que mon père, mais, bizarrement, il nous est arrivé quelque chose de très grave à tous les deux, au même âge. On m'a laissé pour mort deux fois, à la naissance et à six ans. Commençons par mon arrivée au monde.

Je suis né à l'hôpital Saint-Antoine à Paris. Ma mère partageait une chambre double avec une autre jeune maman qui venait d'accoucher d'une petite fille. À la suite d'une contamination par un méchant virus, la petite fille décède. Quelques heures plus tard, je suis terrassé par le même virus, je bois mais perds toute l'eau de mon corps. Les médecins, impuissants à soigner cette déshydratation galopante et gravissime chez le nourrisson, suggèrent à ma mère de m'envoyer à la campagne. Le grand air, on ne sait jamais… bien qu'il y ait peu d'espoir. Me voilà, nouveau-né squelettique de quelques semaines, installé chez une nourrice dans le Loiret. Et je survis ! Grâce au roquefort que je lèche sur le bout d'un doigt – le seul aliment que je ne rejette pas ? Grâce à ma capacité d'adaptabilité ? Qui sait ? Je deviens en tout cas un enfant gai, rieur, drôle en dépit de mon éloignement familial pendant trois ans. Puis c'est le retour à la maison. Enfin ! Mes parents sont radieux de pouvoir réunir leur petite famille. Mais mon frère aîné, qui a dix-huit mois de plus que moi, ne supporte pas cette intrusion dans sa vie, ce qui me semble, avec le recul du temps, tout à fait normal : quand on a été roi, peut-on accepter de n'être plus qu'un prince ? Et je vais affronter ma deuxième grande épreuve.

C'est l'accident de voiture. J'ai six ans. Mon frère me lance sans cesse des défis. Ce jour-là, je dois traverser la rue juste au moment où arrive une voiture. « Traverse si tu es un homme. » Je m'exécute. Je suis renversé et me retrouve à nouveau à l'hôpital en état de coma dépassé. Je suis mort cliniquement (c'est ce que j'apprendrai des années plus tard à l'armée). Les médecins, pour arrêter l'hémorragie interne qui m'envoyait sûrement tout droit au paradis, pratiquent l'ablation de la rate qui est éclatée. Je sors du coma et survis après avoir été « aux frontières de la mort[1] ».

C'est à partir de là, et j'aurai l'occasion de m'en expliquer dans ce livre par rapport à ma profession, que va se nouer une relation assez particulière au monde. J'ai grandi avec l'idée que j'avais une dette envers les Hommes, quelque chose à rendre puisqu'on m'avait sauvé la vie ! Ma mère me disait : « Tu es un survivant ! » Comme tout aurait pu s'arrêter, il fallait mettre les bouchées doubles, alors je me suis mis à dévorer la vie avec avidité et suis, aujourd'hui encore, toujours sur cette lancée !

À deux reprises, dans l'enfance, je suis entré en résilience. J'ai dépassé ces traumatismes violents que je viens de vous raconter. Or je ne suis en aucun cas un superhéros. Nombreux sont les enfants qui parviennent à dépasser une situation traumatisante. Et heureusement. Oui, mais certains n'y arrivent pas… Pourquoi ? Le processus de résilience reste complexe, difficile à appréhender au niveau de son fonctionnement puisqu'il se révèle tantôt à l'intérieur du psychisme, tantôt à l'extérieur, par la mise en place de mécanismes d'adaptation qui correspondent à un environnement précis. La résilience ne s'élabore qu'avec du temps (le

1. En français, « expérience aux frontières de la mort », ou EMI, « expérience de mort imminente » ; en anglais, *near death experience (N.D.E.)*.

temps ne respecte jamais ce qui se fait sans lui). Ce phénomène de résilience suppose aussi, en plus du temps, que l'enfant puisse installer des relations positives avec sa famille, avec l'école, avec la collectivité.

Aucun être ne peut parvenir à bâtir sa résilience sans soutien, sans l'aide des « tuteurs de résilience » dont parle Boris Cyrulnik. Mais seul, on avance déjà considérablement si on est en accord avec soi-même. « Nul ne peut avoir de lien avec son prochain s'il ne l'a d'abord avec lui-même » (C. G. Jung). J'aime, pour expliquer la résilience, évoquer une métaphore, celle de l'enfant malmené qui avance avec une lanterne dans le dos. Quelquefois, il s'arrête et se retourne pour constater le chemin déjà parcouru. Puis il repart parce qu'il a confiance dans cette lumière bienveillante qui l'accompagne. Il a l'espoir chevillé au corps. Aujourd'hui, la résilience vient rompre définitivement avec les idées préconçues de déterminisme. C'est une chance nouvelle d'approcher l'humain dans sa formidable potentialité qui lui permet de continuer son chemin en faisant fi des bouleversements qui l'assaillent.

Il n'y a pas une résilience mais plusieurs, dans le sens où elle s'exprime dans divers champs, familial, social, scolaire, émotionnel. Elle peut aussi ne fleurir que dans une direction : un enfant pourra être un résilient à l'école et ne pas l'être dans sa famille. La résilience concerne les enfants en priorité mais s'applique également à tous les âges de la vie et même au-delà, à des ethnies ou à des communautés qui ont connu de graves bouleversements, un génocide, des migrations forcées, des catastrophes naturelles.

Il n'y a pas non plus de résilience sans traumatisme, sans confrontation avec la mort. Quel que soit l'âge de la personne exposée au malheur, des réactions vont apparaître à court, à moyen et à long terme[1].

1. Sur l'état de stress post-traumatique (ESPT) voir la Quatrième clé.

L'essentiel est de s'en sortir le moins mal possible avec l'aide de regards bienveillants.

Sans avoir la prétention d'apporter une solution imparable aux enfants, aux adolescents et aux adultes qui souffrent, nous proposerons des clés pour les comprendre d'abord, puis pour les aider à avancer et finalement rebondir. Parce que c'est bien cela dont il s'agit : rebondir !

Il faudra bien sûr sortir des représentations caricaturales de la résilience et du phénomène de mode qui l'enferme et la réduit au « fabuleux destin de... ». La réparation est un processus naturel qui a juste besoin de temps et d'encouragement. Si l'on consent à ce qu'il n'en soit pas ainsi, si l'on refuse comme un fait accompli des situations aussi horribles qu'absurdes, il sera permis d'espérer pour nous et nos enfants des jours meilleurs et plus éclairés.

Donnons-nous une chance de grandir normalement !

« Ami, n'invitez pas celui qui, assis devant l'âtre, regarde le feu mourir puis souffle en vain sur les cendres éteintes. Ne perdez pas l'espoir et ne vous laissez pas aller au désespoir pour les choses du passé, car se lamenter sur l'irrémédiable est la pire des faiblesses humaines[1]. »

À mon père
à Julie

---

1. Khalil Gibran, *Le Prophète*, Arles, Actes Sud, 2004.

PREMIÈRE PARTIE

Première clé

Qu'est-ce que la résilience ?

Il n'y a pas de résilience sans traumatisme

Là où certains êtres vont plier devant l'événement violent, d'autres vont le surmonter sans altération, comme s'ils surfaient sur la vague du traumatisme en le maintenant à distance. En d'autres termes, à traumatisme égal – et mon contact avec des sujets blessés et en quête de réparation me le rappelle quotidiennement –, chacun réagira différemment, à un moment donné de son histoire personnelle. S'adapter et se développer, quelle que soit l'adversité, sont généralement des capacités propres aux personnes résilientes.

Mais quand les parcours sont faussés dès le départ, quand on entend les récits d'enfants qui ont été durement frappés par la guerre ou qui dans leur propre famille ont été soumis à la maltraitance, nous ne pouvons qu'être d'une extrême prudence. Il est impossible de préjuger de leurs capacités de résilience.

Face à un concept de vulnérabilité dont nous reparlerons, trop connoté et trop limitatif, émerge depuis une trentaine d'années celui de résilience pour qualifier les enfants, mais aussi les adolescents et les adultes, qui présentent un système de défense psychique ainsi qu'une adaptabilité leur permettant de prendre un nouveau départ. La variabilité des réponses soulignera aussi combien sont multiples et différentes les personnes capables de mettre en place des processus résilients... avec de l'aide et du temps. La faculté d'adaptation couplée à un potentiel de développement personnel construiront le ciment protecteur nécessaire à l'émergence d'aptitudes pour vivre et revivre. Aujourd'hui, grâce aux études qui ont été faites, nous pouvons mettre en lumière toute une gamme de facteurs, de processus et de traits de personnalité qui déterminent et caractérisent les sujets parvenant à surmonter des situations de crise ; et, très important, nous pouvons les comprendre ! À l'image de la résilience a été malheureusement accolé un modèle caricatural, celui du « superhéros ». C'est Superman bravant l'adversité sans dommage ! Or la résilience a de multiples facettes. Elle peut être grande ou petite, extraordinaire ou pas, peuplée d'anonymes comme vous et moi. Il n'y a aucune ségrégation possible dans ce domaine, et tant mieux. Entretenir le rêve de l'invincibilité et de l'immortalité provoque d'immenses dégâts et conduit parfois au rejet des personnes qui ne parviennent pas à être des résilients « hors du commun » face à des traumatismes aigus ou chroniques. Pensez-vous qu'il y aurait ceux qui réussissent et les autres ?

Eh bien, non ! La résilience vient bouleverser les certitudes et les jugements à l'emporte-pièce sur les enfants ou les familles dits « à risque ». En effet, en mettant systématiquement en avant le facteur de vulnérabilité, beaucoup d'acteurs du milieu scolaire, social ou médical n'ont pas hésité à franchir le pas entre risque et fatalité et à étiqueter « cas désespérés » bon nombre d'enfants (ou de familles). La solution de la « victimisation institutionnelle » en témoigne depuis trop longtemps pour que l'on continue à baisser les bras aujourd'hui ! Si le suivi institutionnel, mis en place d'emblée auprès des familles classées « à haut risque » – l'assistante sociale, le psychologue, le psychiatre, etc. –, peut soulager une souffrance, il ne peut en aucun cas permettre aux individus de dépasser leur souffrance. Il n'est qu'une réponse parmi d'autres. Prenons l'exemple d'un enfant qui doit faire face à un père alcoolique et violent, dire sa douleur quotidienne va lui permettre d'atténuer son anxiété mais non son sentiment d'impuissance. Nous possédons heureusement aujourd'hui tout un arsenal de possibilités. C'est plutôt, et nous en reparlerons, par des démarches extérieures de type associatif, par des activités qui permettent d'exprimer la créativité et d'installer un lien social (la peinture, la musique, l'écriture, le sport par exemple) que les enfants réussiront à dépasser l'inacceptable et à poursuivre la construction de leur personnalité.

Le phénomène de résilience est paradoxalement simple et compliqué à la fois

Simple parce qu'il y a beaucoup de recherches qui offrent une bonne compréhension du phénomène. Pourtant, le processus de résilience devient paradoxalement complexe à partir du moment où la réalité prouve qu'il échappe à certains alors qu'il est accessible à d'autres.

De plus, et je n'en ai pas encore parlé si ce n'est, en introduction, à propos de mon sentiment de « dette personnelle », la réparation sous-entend un prix à payer pour dépasser les traumatismes et renvoie à la capacité de susciter une autoprotection chez les enfants en situation à haut risque.

La construction de la personnalité dans un contexte de souffrance implique que l'enfant se « confectionne » une carapace pour relativiser ce qui s'est passé, mais, du fait même de cette armure, il se prive, s'ampute d'une partie de ses émotions. Quand on dit de quelqu'un « il est blindé ! » cela signifie bien que l'être en question refuse de se laisser envahir par sa trop grande sensibilité. C'est un handicap et c'est le prix à payer… Mais ce prix à payer en carence émotionnelle sera garant d'un fonctionnement résilient ; si l'enfant ne nie pas cette nouvelle faiblesse momentanée, il aura toutes les chances de réussir à se réparer. L'édifice précaire sera alors fondé sur un aménagement entre les défenses intrapsychiques, les facteurs de protection internes de l'individu et les facteurs externes (tuteurs de développement, environnement).

Je me suis aperçu bien des années plus tard que, pour dépasser les traumatismes de mon enfance, je m'étais moi aussi construit une gentille armure, une protection : j'avais continuellement besoin de me mettre en lumière, de faire le clown, que ce soit à l'école ou à la maison. Porter un habit de lumière, c'était choisir un costume ambigu puisqu'il me permettait d'engranger un bon capital de sympathie mais aussi de masquer les failles, les blocages. Rassurez-vous, « on » m'a appris avec le temps à combler les failles et à retirer de temps en temps ma panoplie ! Mais, pour entrer en résilience, l'enfant a besoin de mettre en place des mécanismes de défense et d'être dans un environnement qui l'y autorise.

La résilience est arrivée à point nommé dans le champ de la psychologie clinique et de la psychopathologie. Les travaux qui ont été faits par les pionniers et vulgarisateurs de la résilience apportent un éclairage insoupçonné sur la personne en général et l'enfant en particulier parce qu'ils sont fondés sur une approche globale, holistique[1], de l'Homme. Les diverses pathologies psychiques et les troubles du comportement découlent bien souvent chez l'enfant de

1. Holisme, définition du *Petit Larousse* : « En épistémologie et en sciences humaines, doctrine qui ramène la connaissance du particulier, de l'individuel, à celle de l'ensemble, du tout dans lequel il s'inscrit. »

racines familiales ou communautaires plus ou moins « malades ». L'environnement immédiat peut être toxique, et il est parfois nécessaire de protéger l'enfant en « soignant » l'ensemble de la cellule familiale. Ne dit-on pas que, lorsqu'un arbre est malade, ce ne sont pas ses feuilles qu'il faut traiter mais ses racines ? Que ce soit à travers l'abandon, la maltraitance physique ou psychique, le handicap, l'abus sexuel ou à travers d'autres manifestations brutales comme la guerre et les attentats, l'enfant deviendra vulnérable ou bien s'adaptera. L'adaptabilité comportementale sans perturbations psychiques graves fait des enfants, des adolescents ou des adultes des résilients malgré leurs blessures, même si l'empreinte de ces blessures reste toujours présente.

Les différentes manifestations de la résilience offrent à la communauté humaine une raison d'espérer. Sortir les enfants, les adolescents ou les adultes de la spirale infernale du fatalisme devient envisageable, à condition de réussir à agir sur les ressources à stimuler pour continuer à vivre. L'humain n'est pas un morceau de fer à tordre mais un être à façonner par la parole.

Afin de mieux comprendre comment a été élaborée cette nouvelle approche, je vous propose de suivre une courte histoire de la résilience à travers les portraits et les recherches de ses initiateurs et vulgarisateurs. Il vous sera ainsi plus facile de les resituer lorsque j'évoquerai leurs travaux. C'est à la fois ma façon de leur rendre hommage et d'insister sur l'importance de la chaîne de la recherche, tant est grande la complexité de l'âme et tant il est important de trouver des parades à la souffrance humaine.

Les pionniers de la résilience

Ils viennent pour la plupart des pays anglo-saxons où la recherche clinique sur la résilience a commencé à la fin des années 1970. J'ai sélectionné quelques travaux importants, que vous retrouverez au cours de cet ouvrage, qui permettent de suivre l'évolution de ce concept. Ils nous suggèrent aussi des réponses aux questions que nous pouvons à juste titre nous poser : pourquoi la résilience n'a-t-elle pu se tracer un chemin plus tôt ? Pourquoi les victimes ont-elles été systématiquement condamnées, ostracisées par les institutions, alors que, de tout temps, des êtres se sont réparés ?

Commençons par Emmy Werner, une psychologue américaine.

Emmy Werner[1] est considérée par tous les chercheurs comme la « mère » de la résilience. Elle a suivi dès 1955, et pendant plus de trente ans, dans une île voisine de Hawaii, une cohorte de 698 enfants, de la naissance à l'âge adulte. Elle a tout d'abord évalué, pour chacun d'entre eux, les conséquences à long terme des stress survenus au cours des périodes prénatales et périnatales, puis cherché à obtenir des données sur leur développement physique, intellectuel et psychosocial. Sur 201 enfants reconnus « vulnérables » par la présence de plusieurs facteurs de risque[2], 72 enfants (un tiers) ont évolué favorablement, sans difficultés d'apprentissage ni problèmes de comportement pendant l'enfance et l'adolescence. Ils sont devenus de jeunes adultes compétents, heureux et bien intégrés. Ils ont été capables de rebondir en sortant vainqueurs d'une enfance précaire. Emmy Werner a été la première à utiliser le mot de « résilience » pour qualifier ces enfants.

---

1. Voir, d'Emmy Werner, « Children of the Garden Island », *in Scientific American*, 1989, p. 106-111. Il s'agit de recherches menées sur les enfants de Garden Island et sur les différences entre garçons et filles dans leur vulnérabilité et la résilience. Voir bibliographie, p. 219 *sqq*.

2. Sur les « Facteurs de risque », reportez-vous à la Troisième clé.

Norman Garmezy[1], professeur émérite de psychologie à l'université du Minnesota, est le « père » de la résilience. Dès 1971, ses recherches sont centrées sur la compétence et ce qui deviendra plus tard la résilience. Norman Garmezy a notamment étudié le comportement d'enfants de parents schizophrènes afin de déterminer les risques encourus pour leur santé mentale. Il a abouti à la conclusion, après de longues années, que le fait d'avoir un parent schizophrène augmente effectivement le danger de développement de la maladie. Mais il s'est trouvé que 90 % des enfants sur lesquels il avait focalisé son attention ont grandi avec un très bon équilibre psychique grâce à des facteurs de protection identifiables.

Ainsi, ce médecin américain a multiplié nombre de programmes de recherches à travers le monde pour déterminer ce qui protégerait ces enfants à risque. Grâce à lui, au fil du temps, de nouveaux champs de travail sur la résilience ont vu le jour. Ses travaux ont permis de ne plus s'avouer vaincu devant des enfants confrontés à des situations à haut niveau de risque et de stress.

Parmi les pionniers incontournables de la résilience, il faut citer cinq chercheurs en psychologie et en psychiatrie qui ont fait considérablement évoluer le concept de réparation.

Peter Fonagy, professeur de psychiatrie, originaire des États-Unis, s'est consacré aux théories et aux pratiques de la résilience (1992). C'est l'un des piliers de la psychanalyse de l'enfant ; il travaille essentiellement sur les théories de l'« attachement » et assure des séminaires à travers le monde entier.

1. Norman Garmezy a effectué des recherches sur la résilience et le développement et sur la résilience chez les enfants dans des environnements à haut niveau de stress (« Children in Poverty : Resilience Despite Risk », *in Journal of Psychiatry*, vol. 56, 1993, p. 127-136).

Michael Rutter[1] est professeur de psychiatrie de l'enfant, directeur honoraire de l'unité de pédopsychiatrie du Medical Research Council (MRC) situé au sein du University College London. Ses recherches ont porté sur la résilience (1993) et nous transmettent un message très important : la résilience peut s'apprendre tout au long de la vie.

Edith Grotberg est psychologue à l'université d'Alabama aux États-Unis. Elle s'est intéressée à la promotion de la résilience chez les enfants (1995).

Robert Krell, professeur de psychiatrie à l'université British Columbia, a étudié les stratégies d'adaptation des enfants survivants de l'Holocauste (1993).

E. James Anthony, psychiatre, a travaillé, dès les années 1970, sur les enfants « à risque » en démontrant la variabilité de la « vulnérabilité » d'un enfant à l'autre. Ses études ont interpellé tous les professionnels de l'enfance. C'est ainsi qu'il proposa en 1980 la métaphore un peu élitiste des trois poupées – verre, plastique et acier – pour illustrer son hypothétique découverte sur la « résistance absolue » de certains enfants. Il reviendra plus tard sur cette métaphore en la nuançant.

Définitions de la résilience par ces chercheurs

Qu'est-ce que la résilience ? Vous vous souvenez, c'est ainsi que débute ce chapitre, par la difficulté à expliquer simplement le concept. Je vous ai déjà entraîné sur un certain nombre de pistes, parfois en exprimant ce que n'est pas la résilience, par exemple, « pas de résilience sans traumatisme » ou, encore, « un enfant résilient n'est pas Superman ». Continuons à avancer dans la définition de la résilience, afin de nuancer par la suite les propositions qui nous seront

1. Sur Michael Rutter, voir aussi à la Troisième clé.

faites et de mieux comprendre comment se mettent en route les processus de réparation. Certains des chercheurs anglo-saxons précédemment cités ont entrepris d'élaborer leur définition de la résilience. Écoutons-les.

La résilience, pour Norman Garmezy, est « le processus, la capacité ou le résultat d'une bonne adaptation en dépit des circonstances, des défis ou des menaces ». Peter Fonagy parle, lui, d'un « développement normal sous des conditions difficiles ». Pour Michael Rutter, « la résilience est la capacité de bien fonctionner malgré le stress, l'adversité, les situations défavorables ». Edith Grotberg la définit comme une « capacité universelle qui permet à une personne, à un groupe ou à une communauté de surmonter les effets nuisibles de l'adversité ».

Par la suite, de nombreux chercheurs anglo-saxons ont vulgarisé le concept de la résilience. Je voudrais notamment donner les noms de Steven et Sybil Wolin, Julius Segal, Ann Masten, Bonnie Bernard, Ruth Smith, Suniya S. Luthar.

Les vulgarisateurs de la résilience en France

Dans la foulée des Anglo-Saxons, un certain nombre de chercheurs francophones ont apporté leur pierre à l'édifice de la résilience.

Le plus connu du grand public en France est certainement **Boris Cyrulnik**. Il est celui qui a fait entrer dans le langage courant le mot même de « résilience »[1]. Boris Cyrulnik est neuropsychiatre et éthologue, directeur d'enseignement à la faculté de Toulon. Ses travaux sur les comportements animaux et humains, au travers des processus d'attachement précoces notamment, lui ont valu la célébrité dès lors qu'il a étudié la résilience. Convaincu que chacun

1. Référez-vous à la bibliographie pour la liste des ouvrages de Boris Cyrulnik.

d'entre nous peut surmonter ses blessures, ses investigations pluridisciplinaires autour du phénomène de la résilience ne cessent de capter l'attention et l'intérêt de ses lecteurs. Il se définit lui-même comme un résilient. Malgré une enfance fracassée par les horreurs de la guerre et la déportation de ses parents, il a su progresser, s'accomplir, et vivre pleinement heureux parmi les siens. Il raconte qu'à l'âge de dix ans, pour répondre à ses interrogations existentielles, il décida de devenir psychiatre. Un beau projet de vie[1] !

Michel Manciaux[2] est professeur émérite de pédiatrie sociale et de santé publique à l'université de Nancy. C'est un spécialiste de la résilience qui tente de mettre en lumière les voies et les possibilités que permet un tel concept.

Stanislaw Tomkiewicz, psychiatre, fut directeur de l'INSERM (unité 69) à Montrouge et consultant au Centre de thérapie familiale Monceau[3]. Ses recherches sur les enfants autistes – comme celles de Bruno Bettelheim –, sur les polyhandicapés puis sur la délinquance juvénile et les violences institutionnelles lui ont valu une grande notoriété. Il fait aussi partie de ceux qui ont introduit et vulgarisé le concept de résilience en France. Boris Cyrulnik l'a identifié comme un adolescent résilient. Stanislaw Tomkiewicz a vécu l'expérience concentrationnaire et a surmonté ce terrible traumatisme. Il s'est donné un but. Il avait, disait-il, « une idée chevillée au corps, devenir médecin ». Cet objectif lui a permis de faire abstraction de tout ce qui aurait dû le déstabiliser, l'atteindre, et de « tenir le coup », sans jamais pleurer sur son sort. Jamais vic-

1. Sur l'importance du « projet de vie », voir à la deuxième clé « Portraits-robots des enfants résilients ».

2. Sous la direction de Michel Manciaux, « Résilience : résister et se construire », Genève, Médecine et hygiène, 2001 ; coauteur avec Dominique Girodet d'*Allégations d'abus sexuels – paroles d'enfants, paroles d'adultes*, Paris, Fleurus, 1999.

3. Adresses utiles et centres de psychothérapie en fin d'ouvrage.

time, toujours « chanceux ». « Ce sont les autres qui sont des victimes », se plaisait-il à dire en riant ! Il nous a quittés en 2003.

Stefan Vanistendael est directeur de recherche et de développement au Bureau international catholique de l'enfance à Genève. Entre autres ouvrages, il est l'auteur, avec Jacques Lecomte, du *Bonheur est toujours possible*[1].

Ces chercheurs ont proposé aussi leur définition de la résilience. Pour Stefan Vanistendael, le terme de résilience détermine la « capacité à réussir, à vivre, à se développer positivement de manière socialement acceptable, en dépit du stress ou d'une adversité qui comportent normalement le risque grave d'une issue négative ».

Pour Michel Manciaux et Stanislaw Tomkiewicz, « résilier, c'est se reprendre, aller de l'avant après une maladie, un traumatisme, un stress. C'est surmonter toutes les épreuves et les crises de l'existence, c'est-à-dire y résister, puis les dépasser pour continuer à vivre le mieux possible. C'est résilier un contrat avec l'adversité ».

Boris Cyrulnik, lui, définit ainsi la résilience : « C'est la capacité à vivre, à réussir, à se développer en dépit de l'adversité. »

Bien d'autres chercheurs francophones apportent depuis quelques années leur contribution à l'avènement du concept de résilience. Citons Odile Bourguignon, Michel Lemay, Jacques Lecomte ou Antoine Guedeney.

D'où vient le mot « résilience » ?

« Résilience » est un mot de la langue française issu du latin. *Resilio* (*re* et *salio*) indique l'idée de sauter

1. Stefan Vanistendael et Jacques Lecomte, *Le bonheur est toujours possible*, Paris, Bayard, 2000.

en arrière puis de rebondir, de rejaillir. Ce terme, utilisé depuis longtemps en physique des matériaux, se définit par le « rapport de l'énergie cinétique absorbée nécessaire pour provoquer la rupture d'un métal, à la surface de la section brisée. La résilience (en kgm par cm^2) caractérise la résistance au choc » (*Petit Robert*, 1987). Depuis une trentaine d'années, le mot « résilience » a été exploité dans le champ de la psychologie.

Dans la langue anglaise, le mot est enrichi de notions proches de la résistance du caractère ou du ressort corporel. Mais déjà, dans le verbe français « résilier », les aspects d'un nouveau saut, d'un rebondissement parviennent à exprimer au mieux la résilience : avoir et exploiter une capacité à résister, à surmonter un handicap. D'ailleurs, l'idée de résilier un contrat, par exemple, implique l'idée de se dégager d'une situation hostile, de ne plus être prisonnier du passé. Dans le *Webster's Third New International Dictionnary* (1971), le mot *re-sil-ience* renvoie parfaitement encore à l'image du saut en arrière (*an act of springing back*), du rebond (*rebound*) après un mouvement de recul ou de pause (*recail*).

La définition du *Webster's New World Dictionnary* est encore plus limpide : « *Recovering strength, spirit, good humor ; tending to recover or adjust easily to misfortune or change* » (« Retrouver la force, l'esprit, l'humour ; action de retrouver la santé ou de s'adapter facilement au malheur ou au changement »). Ah ! ces Anglais...

Nos proverbes français ne nous donnent évidemment pas de définition de la résilience... mais ils expriment une sagesse populaire que nous avons tendance à oublier. Certains font appel justement à l'idée de rebondissement et de ressort. Ne dit-on pas : « Faire contre mauvaise fortune bon cœur » et surtout : « À quelque chose malheur est bon » ?

Témoigner malgré tout

Il existe, à ce jour, un nombre important de témoignages en rapport avec la résilience. Ils émanent de gens connus ou d'anonymes qui ont éprouvé pour eux-mêmes, pour leurs proches et ensuite leurs lecteurs le besoin de raconter les événements difficiles de leur vie, de dire comment et pourquoi ils ont pu survivre à de grandes souffrances. J'utiliserai certains de ces récits autobiographiques ou biographiques pour éclairer un point de vue, comme ceux de Primo Levi et de Bruno Bettelheim sur l'expérience concentrationnaire ou de Tim Guénard sur l'abandon et la maltraitance.

L'expérience concentrationnaire est souvent citée dans cet ouvrage (Primo Levi, Martin Gray, Aharon Appelfeld, etc.). Ce bouleversement psychique majeur et spécifiquement lié à une génération sert de référence dans le domaine de la résilience grâce notamment aux témoignages qui existent. Malheureusement l'horreur est toujours d'actualité, qu'il s'agisse des génocides au Rwanda ou au Cambodge sur lesquels, d'ailleurs, nous ne possédons pas encore assez de récits et de rapports. Mais je dois préciser que l'horreur « ultime » n'induit pas pour autant que les autres traumatismes que peut subir un être humain seraient de moindre importance. Ils ne peuvent pas, tout simplement, être les mêmes. Prenons justement l'histoire de Tim Guénard.

Tim Guénard a été abandonné par sa mère et brutalisé par son père. Il reste trois ans dans un hôpital où l'on parle de lui – ce sont les mots qu'il rapporte – comme d'un « enfant tordu ». À cinq ans, il sera placé à l'Assistance publique. Il passera de familles d'accueil en maisons de correction et ne s'exprimera que dans la violence et dans la haine. La haine de tout et de tout le monde ! Un jour, après de nombreux démêlés avec la justice, un homme, son professeur principal, portera sur lui un autre regard, plein d'intérêt et de confiance. Cet enseignant s'occupera de lui pendant deux longues années jusqu'au moment où d'autres « tuteurs » le prendront en charge, le père Thomas Philippe, puis Frédéric. Pendant cette période tumultueuse de l'adolescence et parce qu'il sera soutenu par quelques adultes, Tim Guénard s'ouvrira petit à petit aux autres et se rapprochera en particulier de personnes handicapées. Le tissage de sa résilience était déjà bien avancé… Il est aujourd'hui apiculteur, marié et père de famille « sans histoire », donne des conférences dans le monde entier, et son témoignage sur la souffrance et les épreuves est empreint de ferveur et de spiritualité. Tous les ans, dans sa maison de campagne, il reçoit des personnes en difficulté pour les aider à reprendre goût à la vie, avec le temps.

Tim Guénard a témoigné de son parcours difficile dans un livre intitulé *Plus fort que la haine*[1].

J'ai coutume de dire que j'ai toujours eu depuis l'enfance deux piliers pour me soutenir dans mon existence, l'écriture et la musique. Je ne parle pas d'écriture à des fins de publication ni de musique à des fins de carrière. Il se trouve que la publication est venue plus tard et que j'ai accompagné de nombreux musiciens lors de concerts, mais au commencement était le besoin d'exprimer, de dire mon histoire, même métaphoriquement. Et je ne me sépare jamais de mes deux béquilles ! J'écris toujours et tout le temps. Je joue de la guitare aussi souvent qu'il m'est possible de le faire. Ce n'est pas un hasard !

Faute de réussir à se libérer par la parole, même au sein d'un milieu ouvert et prévenant, l'acte d'écrire ouvre progressivement les portes de la mémoire. Par l'évocation de souvenirs, la personne en résilience

1. Tim Guénard, *Plus fort que la haine*, Paris, J'ai lu, 2000.

transmettra non pas la vérité mais sa part de vérité. Inscrite dans une démarche salvatrice, l'écriture, même à distance du traumatisme, remplit certaines fonctions réparatrices en concordance avec un processus de résilience et nous permet, à nous, lecteurs, de mieux comprendre ce qu'est la résilience, puisque tel est notre propos.

Suivons sur cette voie deux personnalités connues, Martin Gray et Aharon Appelfeld, qui ont traduit, comme Tim Guénard, « cette pulsion à dire » dans des ouvrages célèbres.

Au nom de tous les miens a été écrit par Martin Gray en 1971, bien des années après avoir été le combattant du ghetto de Varsovie et l'évadé du camp d'extermination de Treblinka que l'on sait. « Ce que l'on attend de moi, a-t-il déclaré, c'est d'être la voix d'un témoin, dire ce que j'ai vu, vécu et ressenti. » Prendre la parole par l'écriture est une nécessité et un devoir que vous imposent tous ceux qui vous ont aimé et qui ont disparu : « Quand vous écrivez, c'est une manière de les faire revivre », dira encore Martin Gray. C'est ce qui s'est passé avec son livre, devenu un best-seller dans le monde entier. Il l'a écrit trente ans après la fin de la guerre et juste après avoir vu brûler vifs sa femme et ses quatre enfants dans l'effroyable incendie de sa maison en forêt (1970).

Aharon Appelfeld[1] écrit pour colmater les brèches de son passé. À huit ans, sa mère est assassinée sous ses yeux par les nazis. Déporté avec son père dans un camp de concentration en Ukraine puis vite séparé de lui, Aharon Appelfeld s'échappera et se cachera dans la forêt ou chez des paysans. Cette fuite durera quatre ans. À douze ans, il entrera dans l'armée soviétique comme aide cuisinier. Plus tard, sa route le conduira en Israël, où il vit depuis 1946. Cet écrivain

1. Aharon Appelfeld, *Histoire d'une vie*, Paris, Le Seuil, coll. « Points », 2005.

du déracinement raconte qu'enfant il s'est aperçu que son histoire était pleine de failles, de « trous » qu'il a fallu combler. Son imagination a suppléé à ces trous de mémoire. Il explique qu'une des grandes tâches de sa vie a été de se reconstruire un foyer par l'écriture. En évoquant ses parents, ses grands-parents, il a perdu, petit à petit, le sentiment d'être un éternel orphelin. Les êtres qu'il met en scène dans ses livres constituent sa famille. « Une phrase doit être nette, propre, vous apporter quelque chose. Elle doit vous nourrir. » « J'écris pour trouver qui je suis », dit-il. C'est encore un autre chemin de résilience !

Si prendre la plume pour témoigner allège la souffrance des êtres blessés, si l'écriture peut être une barrière protectrice, pour autant, à elle seule, elle ne peut suffire à éviter les ruptures de résilience. Sinon, comment expliquer le parcours, et ce n'est qu'un exemple parmi tant d'autres, d'un écrivain comme Jules Renard qui a toujours souffert du non-amour de sa mère ? Dans son *Journal*, il y a la phrase célèbre : « Tout le monde n'a pas la chance d'être orphelin… » Un humour noir qui l'a sûrement aidé à survivre longtemps, jusqu'à l'effondrement, sur le tard, et, au bout du compte, le suicide.

Après avoir survécu à des situations traumatiques majeures, la nécessité de témoigner s'impose, mais elle peut se révéler souvent impossible, ou insuffisante.

La résilience ou l'émergence d'un nouveau concept

Puisqu'un concept se précise telle une représentation mentale générale d'un objet, examinons en quoi la résilience, en tant qu'objet, représente l'émergence d'un nouveau concept.

On enregistre aujourd'hui, je l'ai dit, une extraordinaire diversité des approches de la résilience. Les nombreuses recherches menées sur la vulnérabilité dans les années 1970 ont permis de se focaliser sur ce qui accentuait la fragilité des enfants. D'où la notion d'invulnérabilité (selon Anthony – les trois poupées – et Koupernik[1]) qui a laissé éclore celle, plus fine, de résilience. Alors débuteront les études sur les capacités et les compétences développées par des enfants dits « à haut risque » face à des situations adverses. Le modèle de la résilience prit corps avec ces facteurs de protection mis au jour. Le regard sur les traumatismes et les traumatisés a radicalement changé depuis.

Travailler sur le côté positif d'un individu en souffrance, en le considérant dans sa globalité, dévoile une conception nouvelle, au carrefour de beaucoup de domaines : l'observation et le diagnostic cliniques, la recherche, le social (pauvreté) ou le familial (maltraitance), l'historique (catastrophes, guerres, génocides), l'entreprise (handicap secondaire), jusqu'à la psychiatrie et le champ psychothérapique.

Pour Stanilaw Tomkiewicz, le concept de résilience a pour principale vertu d'éviter les dérives insupportables de celui de vulnérabilité. En effet, jusqu'alors, sous couvert de « vulnérabilité apparente », on s'abstenait d'intervenir en condamnant définitivement, vite et mal, des personnes, des familles, des populations « à risque ». Tomkiewicz concluait souvent sur ce sujet en disant que « le concept de vulnérabilité incite à regarder la moitié vide de la bouteille alors que la résilience invite à en regarder la moitié pleine ».

Boris Cyrulnik, à propos de cette condamnation des êtres blessés, ajoute que « le fait que la résilience n'ait pas été étudiée alors que tous les praticiens l'ont constatée en dit long sur notre culture pour qui les survivants sont encore suspects[2] » !

1. Cyrille Koupernik, E. James Anthony et Colette Chiland, *L'Enfant vulnérable*, Paris, PUF, coll. « Le Fil rouge », 1982. Voir aussi Quatrième clé, « Stress et résilience ».

2. Boris Cyrulnik, *Un merveilleux malheur*, Paris, Odile Jacob, 2002.

Les concepts de *winners* (les gagnants) et du fameux *struggle for life* (la « bataille pour la vie ») sont nés aux États-Unis, et force est de constater qu'ils ont du mal à traverser l'Atlantique. Peut-être même qu'en nos contrées celui qui gagne ou qui se bat est un peu suspect, comme le dit Cyrulnik.

La résilience est pourtant bien un combat à mener pour soi-même et pour les autres… avec du temps, avec soi-même et avec les autres. Un genre de *struggle for life*, en somme !

Approche critique des définitions de la résilience

À la lecture des définitions existantes à ce jour sur la résilience, certaines critiques semblent utiles à formuler si l'on souhaite approcher au mieux cette notion « plurielle » et dynamique, puisque variable suivant les personnes et leur histoire personnelle à un moment donné.

La première critique que je m'autorise à faire concerne le « prix à payer » en termes de souffrance psychique. Cette notion est particulièrement absente des définitions des chercheurs et pourtant c'est l'un des éléments constitutifs et destructeurs évidents de la résilience. Porter une armure sans jamais la déposer et en oubliant qu'elle peut provoquer l'asphyxie risque de coûter cher. Le jour où elle tombe en morceaux, l'être est mis à nu et plus fragile que du verre. Se protéger en permanence de son excessive sensibilité peut conduire à être dans un trop grand déni de la réalité « pour ne plus souffrir ». Ce prix à payer a mené un certain nombre de personnes, des adultes mais aussi des adolescents, au suicide. Les thérapies suivies ou reprises dans des moments difficiles de la vie, quand, à la faveur d'un nouvel événement violent, le traumatisme initial resurgit, peuvent permettre d'éviter la déstructuration de l'individu[1].

1. Voir la Neuvième clé, « Résilience et psychothérapie ».

Deuxième critique : elle concerne la définition consensuelle de S. Vanistendael, « la résilience est la capacité à se développer positivement, de manière socialement acceptable ». On peut être un enfant ou un adolescent résilients sans pour autant respecter les normes et les lois fixées par la société. Les gens « normés » n'ont pas le monopole de la résilience, les marginaux n'ont pas non plus le monopole de la dépression ! Prenons l'exemple des enfants des rues de Bogotá (ou d'ailleurs...), ils suivent une évolution, un développement positif tout en étant des hors-la-loi, des asociaux. Ils volent, prennent du crack pour surmonter leurs peurs et rêver un peu. Constamment en lutte pour ne pas se faire arrêter, ces gamins cherchent à prendre un nouveau départ, mais aussi à trouver quelqu'un en qui avoir confiance.

Ma troisième critique vise le fait qu'aucune définition ne prend en compte le rôle essentiel de l'entourage, quel qu'il soit, qualitativement ou quantitativement. Or, en attendant que l'on donne une chance à l'être blessé de se construire des défenses, en tant que protecteur, l'entourage aide à la mise en route du processus de résilience. C'est l'adulte de confiance, la famille, le voisin, l'enseignant, la relation dans la communauté. Je les appelle les tuteurs de développement, les *care givers* ou *care takers* chez les Anglo-Saxons, les mentors au Canada. Arrêtons-nous sur le parcours de Gérald[1].

Gérald a aujourd'hui cinquante-huit ans et la retraite approche. Il est venu me consulter pour arrêter de fumer. Comme souvent, en psychothérapie, une première demande en cache une autre, et le rôle du thérapeute est de comprendre les motivations de son « client ». Gérald m'a expliqué qu'il avait com-

1. Les témoignages remaniés de ce livre sont surtout (mis à part bien sûr les personnalités connues) ceux d'anonymes rencontrés dans ma pratique thérapeutique ou « par hasard », bien qu'il n'y ait jamais vraiment de hasard dans ce domaine.

mencé à fumer, par anxiété, à l'âge de quatorze ans, dans un internat où il était pensionnaire.

« Élevé à la dure chez les jésuites de l'âge de six ans à vingt ans, me raconte-t-il, j'ai dû subir humiliations et punitions de toutes sortes. Mes parents m'avaient placé dans cet établissement parce que ma mère souffrait d'une grave dépression nerveuse. Mais grâce à une certaine dose d'humour et d'ironie je réussissais à me sortir de situations parfois très délicates. Jusqu'au jour où le père C. m'agressa sexuellement dans son bureau. C'était la première fois que je me retrouvais face à un pédophile et je n'ai pas trouvé d'autre protection que la fuite dans l'imaginaire. Je rêvais qu'un jour je serais docteur et que je m'occuperais d'enfants. L'instruction religieuse ne m'apportait aucune consolation. “Tu n'invoqueras pas le nom de Dieu en vain” ! Ces mots avaient et ont toujours sur moi une terrible résonance. Imaginez leur force dans la tête d'un gamin qui subissait l'horreur et se sentait impuissant à réagir ! Lorsque je suis entré en classe de troisième, j'ai réussi à me faire affecter dans le bâtiment du père François. Tous les élèves l'admiraient. Je lui ai un jour confié (confessé !) ce qui se passait avec le père C. ; il m'a très vite redonné espoir et a accepté que je l'accompagne dans sa visite hebdomadaire auprès des malades de l'hôpital Saint-Martin. Pendant cinq ans il a été présent près de moi et j'ai continué à le suivre dans ses tournées au chevet des personnes souffrantes. Plus tard, c'est lui qui me conduira avec sa 2 CV jusqu'au centre d'examens pour le concours d'entrée en faculté de médecine ! Il a su me redonner confiance, amour et protection aux moments les plus sombres de ma vie d'enfant. Lorsque le père François nous a quittés, j'ai éprouvé à la fois une peine immense et une reconnaissance infinie pour cet homme qui avait pris soin de moi. Dans quelques années, je quitterai mon poste de pédopsychiatre. Mon projet de vie a été accompli et, déjà, je réfléchis au jour où je pourrai m'occuper des enfants sans blouse blanche… à mes petits-enfants. »

À la suite de la mort du père François, de son tuteur de développement, Gérald a revécu les moments douloureux de son enfance. Quand nous nous sommes quittés, Gérald n'avait pas cessé de fumer mais avait fait le deuil de cet homme si précieux. La cigarette était un pare-chocs pour lui et j'ai appris dans ma pratique thérapeutique qu'il ne faut pas trop toucher aux pare-chocs, aux symptômes, si vous préférez ! Le risque est trop grand de faire violemment resurgir le traumatisme.

Je voudrais encore nuancer deux points par rapport aux définitions qui nous sont proposées de la résilience. Ma quatrième critique s'oppose à la variabilité de la résilience, à son côté modulable selon les événements de la vie et l'état psychique de l'individu à un moment donné de son existence. Chacun possède cette capacité de résilience, mais on n'est pas résilient à tout, ni tout le temps.

Ma cinquième et dernière critique voudrait revenir sur un catalogue de notions que j'utilise moi aussi mais qui pour autant ne me satisfont pas, comme celles de stress, de situations défavorables, d'adversité, de défis, de menaces ou encore de crises de l'existence. Comment éviter d'utiliser un tel catalogue lorsque l'on sait que, face à un même choc, chacun réagira différemment tant au niveau de l'appréciation du risque qu'à celui des effets de cet événement sur lui ? Difficile dans ces conditions de généraliser de la sorte, puisque nous sommes uniques !

Peut-être qu'à l'avenir nous pourrions redéfinir un certain nombre de résiliences mieux identifiables. Voici une recherche américaine sur cet aspect crucial des « résiliences ».

Présentation d'une recherche

Ann S. Masten, Karin M. Best et Norman Garmezy[1] ont distingué dans une recherche célèbre maintenant trois types de résilience. En séparant trois domaines – facteurs de risques, résistance au stress, traumatisme –, on obtient des éléments de débats beaucoup plus proches de la réalité du terrain à un moment donné.

Recherche sur la résilience et les processus normaux de développement pour permettre de promouvoir la résilience chez les enfants « à risque »
De Ann S. Masten, Karin M. Best et Norman Garmezy

Les auteurs distinguent trois champs de la recherche sur la résilience pour décrire des phénomènes distincts de résilience.

• De bons résultats en dépit de situations à haut risque. En d'autres termes, il s'agit de se développer de manière positive malgré l'expérience d'un milieu adverse avec une scolarité régulière.

• Une compétence soutenue face à des situations de stress. C'est avoir une bonne adaptabilité face à des événements de vie stressants.

• Une récupération après l'expérience d'un traumatisme aigu. Cela concerne l'idée d'une certaine « guérison » à la suite de traumatismes prolongés ou sévères, comme un retour à l'équilibre.

En conclusion, les auteurs insistent sur le rôle capital des parents et autres personnes de l'entourage qui par leur bienveillance peuvent assurer un bon développement de la personnalité de l'enfant ou de l'adolescent.

1. Dans *Development and Psychopathology*, vol. 2 (voir références en biliographie).

Cette approche critique des définitions de la résilience pose le problème des idées vraies et des idées fausses autour de ce nouveau concept.

Idées fausses, idées vraies sur la résilience

Idées fausses sur la résilience

La résilience n'est pas :
- concevable seul(e) ;
- synonyme d'invulnérabilité ;
- réservée aux « surhommes » ;
- une sécrétion naturelle comme les hormones ;
- l'oubli du traumatisme ;
- une capacité permanente dans le temps ;
- compatible sans l'appui d'un entourage favorable ;
- la même selon le sexe et l'âge ;
- seulement issue de la génétique ;
- définitive mais variable ;
- compatible chez un même individu dans tous les domaines (on peut être un enfant résilient à l'école et pas dans sa famille et réciproquement) ;
- toujours extraordinaire. Non, il y a de grandes et de petites résiliences ;
- un concept ségrégationniste ;
- exclusive aux enfants.

Idées vraies sur la résilience

La résilience est :
- dépendante des autres (tuteurs de développement) ;
- une construction lente et fragile dans le temps en interaction avec l'entourage ;
- variable selon le vécu psychique de l'individu ;
- modulable en fonction des événements de la vie ;
- parfois présente dans un domaine et absente dans d'autres (chez un même individu) ;
- dépendante des conditions de vie ;
- ignorante du prix à payer en souffrance psychique ;

- une ouverture, un progrès vers l'avenir sans nier le passé douloureux ;
- dépendante d'un vécu traumatique ;
- antisociale dans certains cas (enfants des rues) ;
- possible pour tous les individus ;
- apporte une vision globale et variable des personnes en souffrance ;
- concerne tous les âges de la vie ;
- liée aux relations d'attachement développées dès la naissance.

Il est important de ne jamais perdre de vue que, derrière ces discours théoriques, vivent des êtres humains, enfants/adolescents/adultes, traumatisés qui ont souffert au plus profond de leur chair. Ils sont résilients ou plutôt en résilience, en ce sens qu'ils auront à lutter toute leur vie entre leurs parts d'ombre et de lumière. Je vous propose de les rencontrer plus avec le cœur qu'avec les yeux, pour paraphraser Antoine de Saint-Exupéry.

Deuxième clé

Qui sont ces enfants résilients ? François, Jean-Philippe, Billy et les autres...

Les enfants et les psys, en particulier, adorent les contes de fées ! Et, qui sait, peut-être pour les mêmes raisons ? Pour la part de rêve, de philosophie, d'histoires exemplaires, drôles ou tragiques qu'ils contiennent ? Prenons l'histoire de *Cendrillon*, adaptée par Charles Perrault. C'est un conte très ancien qui ne met pas en scène une superhéroïne, simplement une fillette qui, avec un peu de « merveilleux »... Mais souvenez-vous plutôt, il était une fois Cendrillon...

Cendrillon est encore toute jeune quand elle perd sa mère. Son père se remarie et deux autres petites filles vont naître de cette seconde union. Très vite, parce que Cendrillon est une douce et jolie personne, elle va subir la méchanceté de sa belle-mère et de ses demi-sœurs. Elle est astreinte aux plus vilaines tâches de la maison pendant que les trois péronnelles se pavanent devant « Cendrillon la souillon ». Elle voudrait que son père la protège et, comme tous les enfants, que ses « parents » l'aiment comme ils aiment ses sœurs ! Mais c'est en vain. Cendrillon trouve la force de supporter les mauvais traitements qu'on lui inflige en s'évadant dans des rêves un peu fous. C'est alors qu'apparaît une fée, une « merveilleuse » marraine qui, touchée par cette belle âme, va l'aider à supporter son infortune, à ne perdre ni espoir ni confiance. Grâce à sa force, à sa gentillesse et à sa beauté, et à une pantoufle de vair[1] fort heureusement perdue... Cendrillon épousera le fils du roi.

N'est-ce pas un bonheur pour les enfants, ce conte ? Les enfants adorent écouter des histoires qui font peur mais qui finissent bien. Pour les professionnels de l'enfance, pouvait-on inventer un récit plus parfaitement symbolique ? Tout est dit, le traumatisme, le tuteur de développement et l'enfant en résilience ! Selon Bruno Bettelheim, le message que contient l'histoire de « Cendrillon et de la maltraitance » est « qu'on doit se tenir à ce qu'il y a de meilleur dans son passé, cultiver son propre sens de la moralité, être fidèle à ses valeurs malgré l'adversité ». Garder une bonne estime de soi, coûte que coûte !

Portraits-robots des enfants résilients

L'« estime de soi » fait partie, entre autres qualités, de celles qui distinguent les enfants résilients. Des portraits-robots ont été établis après plus de vingt années d'observations et de recherches en psychologie clinique et psychopathologie. Ces portraits ont leurs limites, mais ils ont le mérite de rassembler et de constituer une ossature, un profil.

Attention, avant de nommer les « qualités[2] » de ces enfants, sachez qu'il n'existe à ce jour, et c'est tant mieux, aucun marqueur biologique ni autre sécrétion hormonale de la résilience offrant un diagnostic prédictif. Je le répète : a priori, chacun d'entre nous possède la capacité d'entrer en résilience. La description essentiellement fondée sur des traits psychologiques s'envisage donc avec le recul nécessaire dû à la subjectivité des observateurs.

1. Ou de « verre », selon Perrault.
2. Qualité, définition du *Petit Robert* : « Attribut, caractère, propriété. Élément de la nature d'un être, permettant de le caractériser. »

La première des qualités montrées par un enfant résilient est la **sympathie**. Stanislaw Tomkiewicz disait : « Il attire la sympathie des adultes ! » Ces enfants savent se rendre « adorables » auprès de leurs « tuteurs potentiels » de résilience. En suscitant l'attirance, ils réussissent à provoquer chez certains adultes des attitudes de protection.

La deuxième qualité est l'**humour**. Je pense notamment à Smaïn, l'humoriste, un enfant abandonné qui a su se servir dans ses spectacles de cette arme « redoutable » puisqu'elle capte forcément l'attention de l'entourage ; à condition, bien sûr, que cet humour soit utilisé à bon escient, c'est-à-dire pour se rendre attachant.

La troisième qualité repose sur une **haute estime de soi** avec le sentiment profond de sa propre valeur. « Un enfant sympathique qui grandira en déployant une haute estime de soi aura un comportement résilient typique », explique Michael Rutter.

L'estime de soi recouvre trois domaines :

– l'amour de soi, par l'écoute de ses propres besoins et aspirations ;

– la vision positive de soi, par le regard compréhensif porté sur ses qualités et ses défauts ;

– la confiance en soi, par le sentiment d'être apte à réagir efficacement à des situations adverses.

Revenons à l'histoire de Cendrillon qui est à ce titre très significative. Cette préadolescente conserve, malgré toutes les humiliations dont elle est l'objet, une haute estime d'elle-même. Le conte véhicule un autre message qu'il faut impérativement transmettre aux enfants victimes de sévices : il est toujours possible de dépasser sa douleur (c'est aussi l'histoire de Gérald et du père François). Il faut découvrir de « petits arrangements » avec l'adversité, de façon à avoir une vie satisfaisante dans un environnement extérieur au traumatisme, et se faire accompagner de tuteurs ou de bonnes fées !

La quatrième des qualités observables, inscrite dans les portraits-robots, relève des **compétences cognitives**. Les enfants en résilience ont souvent un quotient intellectuel (QI) et/ou un quotient émotionnel (QE)[1] élevés avec un sens développé de l'anticipation et de la planification des stratégies à mettre en place dans les situations difficiles. Grâce à leur appréciation juste et « adaptée » de l'événement à gérer (notion de coping pour les Anglo-Saxons, de *to cope* : faire face), ils savent, par une bonne connaissance de leurs forces et de leurs faiblesses, se rendre autonomes et efficaces dans les choix à faire. Le coping, en tant que stratégie d'ajustement, paraît être à l'évidence l'une de leurs qualités phares.

Jouons un peu. Je vais choisir pour parler d'enfants résilients un certain nombre de personnalités connues, sans toujours vous donner leur nom de famille. À vous de les reconnaître… Les appeler par leur prénom nous permettra d'être plus proches de l'enfant qu'ils ou elles ont été. Et comme c'est à partir de l'enfance que tout se joue, alors… Mon premier se prénomme François, c'est un artiste de l'ajustement.

François donne l'impression d'avoir toujours baigné dans un océan de tranquillité. Pourtant, sa vie a été un combat de chaque instant. Pourquoi ? Tout simplement parce qu'il est bègue depuis sa plus tendre enfance. Et là où d'autres vont capituler, lui s'adapte et développe au contraire des trésors d'imagination pour utiliser puis surmonter ce défaut de langage. Son père est cultivateur et François grandit donc à la ferme, près de Pau, dans une famille nombreuse et sans grands moyens financiers. À l'école, l'enfant est constamment l'objet de moqueries et rêve de prendre sa « revanche ». Il « fait face » et décide qu'il s'en sortira par les études, c'est son premier projet de vie. Et

1. Voir QI et QE p. 56-57.

effectivement il devient bachelier, licencié puis enfin agrégé de lettres classiques. C'est à ce moment-là qu'il se lance un deuxième défi. Pour combattre son handicap, il décide, comme Louis Jouvet, de monter sur les planches. On sait que, lorsque les bègues sont sous les feux de la rampe ou les lumières de la caméra, leur bégaiement disparaît. François est d'un naturel très volontaire et veut aller plus loin dans la maîtrise de sa diction qui le pénalise encore. Il va militer à la FEN (Fédération de l'éducation nationale) et commencer à prendre la parole en public. À la même époque, il rencontre sa femme, une fervente catholique comme lui, et le voici donc, à vingt-deux ans, dirigeant la ferme familiale, marié et enseignant au lycée de Pau. Il fondera par la suite une famille de six enfants.

Sa trajectoire d'homme accompli l'orientera tout naturellement vers la politique, au Centre des démocrates chrétiens. Un parcours « sans faute » qui le portera au ministère de l'Éducation nationale, lui, un petit professeur du Béarn !

La cinquième qualité apparaît généralement dès la préadolescence, par l'élaboration d'un **projet de vie**. À dix ans, Boris Cyrulnik a pour projet d'étudier la médecine, tout comme Stanislaw Tomkiewicz. Je peux affirmer sans mentir qu'à six ans, après l'expérience de coma dépassé que j'ai vécue, je savais, sans l'énoncer ainsi, que mon parcours passerait par la santé et les hôpitaux. Mais pas sur la table, cette fois ! Je voulais être utile, servir à quelque chose, « être docteur », comme on dit quand on est petit. J'ai été infirmier pendant dix ans tout en faisant d'autres études. Il n'y a pas de hasard, les enfants résilients s'accomplissent souvent dans un métier qui a un rapport avec le ou les traumatismes qui les ont touchés. Quand les expériences des individus se ressemblent, à traumatisme égal ou différent, un constat s'impose : chacun tente de transmettre son histoire. Nos témoignages peuvent créer le désir chez d'autres, résonner pour donner un projet de vie à des enfants en désarroi.

Leur projet de vie sert à protéger les enfants résilients comme une bulle positive intérieure. Mais qu'ils atteignent ou non leur objectif ne signifie en rien la réussite ou l'échec de leur résilience. Il ne s'agit que d'un « paravent » face aux dangers extérieurs. Dans *Le Petit Prince* d'Antoine de Saint-Exupéry, un de mes livres fétiches, que j'ai beaucoup utilisé pour mes recherches sur la résilience, la fleur dit : « Je ne crains rien des tigres, mais j'ai horreur des courants d'air. Vous n'auriez pas un paravent ? »

Autre exemple : c'est dans un film épatant de Stephen Daltry… je sais que certains ont déjà trouvé de qui je vais parler… c'est donc dans un film épatant, disais-je, de Stephen Daltry, qui se situe au Royaume-Uni dans les années 1980, sur fond de grèves de mineurs et de grande pauvreté, qu'un jeune garçon de onze ans découvre la danse. Sa mère est morte, son père et son frère aîné sont grévistes, déterminés à tenir jusqu'au bout. La vie est vraiment très dure. C'est plutôt la boxe que choisissent les garçons de son âge. Mais notre petit bonhomme a une autre idée en tête et va affronter tous les préjugés du milieu dans lequel il vit. On lui dit que la danse c'est pour les filles et les homosexuels… Mais, pour lui, il n'y a que la danse qui compte ! Une solide confiance en lui-même et une volonté farouche de réussir lui permettront d'atteindre son but. Il saura se rendre sympathique et susciter chez son professeur de danse la protection dont il a besoin. Son opiniâtreté le conduira jusqu'à l'École royale de ballet de Newcastle où il deviendra danseur professionnel. Il présentera ensuite ses performances sur les scènes du monde entier.

Il s'agit bien sûr de… Billy Elliot.

La dernière qualité observée chez tous les individus reconnus résilients est de **ne pas se considérer comme**

une victime. La victimisation à outrance stoppe le processus de résilience en empêchant toute progression psychique nécessaire. Souvent le résilient s'invente une explication à son histoire qui repose généralement sur un mélange de spiritualité et de foi en sa propre vie ! La quête de sens face à l'adversité rend l'individu plus fort dans son combat pour surmonter l'insurmontable, avec le temps !

Caractéristiques des personnes résilientes

Nous allons compléter au mieux le portrait-robot des enfants résilients en l'adaptant aux divers âges de la vie. Les résultats des recherches que les Anglo-Saxons ont menées pour définir les *caractéristiques*[1] favorables à la résilience sont là pour nous aider à les comprendre. Nous continuerons également à illustrer nos propos par des rencontres, des « histoires de vie » de gens connus ou inconnus.

Vous allez retrouver, évidemment, des données déjà évoquées dans les portraits-robots. Elles seront, ici, affinées et prendront appui sur des paramètres plus « pointus ».

Suivons, par exemple, la trame que le docteur Daniel Gottlieb (1991)[2], un spécialiste américain, a élaborée et utilisée pour cerner les caractéristiques des personnes résilientes, tout en faisant remarquer que « le pouvoir de l'esprit humain à supporter la douleur et la perte et à se reconstruire avec espoir et courage défie toute description »...

1. Caractéristique, définition du *Petit Robert* : « Ce qui sert à caractériser. Indice, marque, signe, trait. »

2. Vous trouverez, à côté de certains spécialistes cités, des dates entre parenthèses, comme ici. Cela correspond à la date à laquelle ont été publiés les principaux travaux du spécialiste en question. Certains sont repris dans la bibliographie en fin d'ouvrage.

Bonne santé et tempérament facile

Cette première caractéristique évidente démontre qu'un enfant en bonne santé sera mieux protégé dès les premiers instants de la vie qu'un enfant de santé fragile. Une seule exception : un enfant moins résistant, mais qui bénéficie d'un entourage attentif à son état général, trouvera la force de grandir et de se développer harmonieusement.

Le tempérament facile est un facteur chance et une aubaine pour celles et ceux qui entourent ces enfants. Mais il ressort que dans certaines conditions extrêmes (famine, guerre) un tempérament difficile, voire hostile, protège des situations critiques. Il est des circonstances où une bonne dose d'individualisme vaut mieux qu'un bon caractère.

Attachement solide et sécurité de base

Ces deux caractéristiques sont issues d'une relation positive installée dès la naissance. La résilience, en tant que concept, a permis de réaffirmer la prépondérance des théories sur l'attachement développées par John Bowlby (1969), Mary Ainsworth, Serge Lebovici puis Peter Fonagy, Michael Rutter et Boris Cyrulnik. Une constante se dégage : beaucoup de choses se jouent dès les premiers instants de la vie.

On comprend mieux, depuis plus de trente ans, l'immense rôle joué par ce système d'attachement entre mère-père-enfant et même fratrie. Réussi, il favorise l'émergence de relations affectives primaires de qualité qui évitent de compromettre l'excellence des liens ultérieurs.

Erik H. Erickson, né en 1902, a élaboré un modèle de développement montrant la validité d'une lente élaboration de la résilience. Les écrits de ce théoricien danois de la psychanalyse concernent essentiellement l'enfance et l'adolescence. Son modèle nous montre comment et où peut se « concevoir » la résilience. Il y a quatre étapes importantes à retenir :

– la **confiance** manifestée d'emblée par le nouveau-né sera renforcée si l'entourage parental le reconnaît et le considère comme unique, à part entière. Alors une dynamique de développement se mettra en marche ;

– l'**autonomie** est la résultante d'une relation fondée sur la sécurité et l'assurance d'être bien aimé. Ainsi se constituera la volonté de l'enfant ;

– l'**initiative**, dès l'âge du jeu, participera au développement de compétences manuelles et intellectuelles chez l'enfant. Elle fera poindre l'idée de « buts » dans les activités.

– l'**application** renvoie au champ des compétences à un âge qui correspond à celui où l'enfant est scolarisé.

Compétence relationnelle

C'est tout simplement la capacité à nouer des relations avec les autres. Les enfants résilients cherchent et trouvent d'abord des adultes qui peuvent leur venir en aide. Dans un deuxième temps ils savent aussi en faire des amis et les conserver. Grâce aux recherches de T. Berry Brazelton[1] sur les nouveau-nés et les nourrissons, on connaît le rôle primordial de l'interactivité. Elle permet le développement de l'enfant en même temps qu'elle « parentalise » les parents ou autres protecteurs. Elle implique les adultes dans leurs rôles d'acteurs du développement de l'enfant, qui, lui, recherche des liens affectifs.

1. T. Berry Brazelton, Béatrice Vierne et Julian De Ajuriaguerra, *La Naissance d'une famille ou comment se tissent les liens*, Paris, Le Seuil, coll. « Points », 2003. Brazelton est professeur émérite de pédiatrie à la faculté de médecine de Harvard.

Adolescents ou adultes, les individus résilients ont toujours un besoin vital d'être entourés de personnes capables de les soutenir. À la question de savoir pourquoi certains enfants ont une compétence relationnelle plus étendue que d'autres, un début de réponse serait la qualité de l'attachement qui doit idéalement reposer sur un équilibre entre prendre et donner : c'est l'échange.

Jean-Philippe est un résilient incroyable, timide mais cependant assez doué dans l'art de nouer des relations avec les autres ! Né en pleine Seconde Guerre mondiale d'un père alcoolique et aventurier volage, Jean-Philippe va vivre en quelques mois à la fois la séparation de ses parents et l'abandon. On sait aujourd'hui que la multiplication des facteurs de risque n'autorise pas à faire un bon pronostic de résilience. Et, pourtant, Jean-Philippe va rebondir. Il est placé chez sa tante et ses filles, une famille d'artistes, de « saltimbanques ». Le spectacle ! Voilà un projet séduisant qui lui permet de surcroît de canaliser toute la violence qui l'habite. Il veut faire de la musique après avoir appris la jota à la guitare, être chanteur, et, comme c'est un adolescent en pleine quête d'identité, il décide de prendre un pseudonyme pour sa future carrière. Ce sera celui d'un danseur américain, l'amant de sa cousine. Il se produira pour ses débuts sur scène, à Paris, au Golf-Drouot, et sera très vite repéré. La suite, ce seront des disques, le cinéma, des émissions de radio et de télévision qui feront de lui l'idole des jeunes et même des moins jeunes aujourd'hui, quatre décennies plus tard ! Le milieu du spectacle aura recouvert en partie ses blessures assassines. Au rythme et au prix d'une vie affective mouvementée, il aura eu la chance d'avoir deux enfants qui l'ont aidé à se structurer et qui le comblent de joies, David et Laura. Et, depuis peu, une petite Jade…

Permettez-moi d'expliquer le choix des trajectoires de vie qui émaillent ce livre, afin d'éviter tout malentendu : les parcours cités pourraient représenter, surtout lorsqu'il s'agit de personnalités connues, des modèles de réussite. Mais ce n'est pas mon propos, d'autant qu'il y aurait tant de choses à dire sur l'idée de réussite ! Mon but est de montrer qu'à partir de données de départ chaotiques, l'abandon pour Johnny, le handicap pour François, il y a des résiliences différentes. Et qu'on peut présenter des facteurs de vulnérabilité tout en décidant de mener une vie normale. Il est préférable de faire avec ce que l'on a que de baisser les bras. Récemment quelqu'un m'a dit : « Mais faire avec ce que l'on a, n'est-ce pas une façon de baisser les bras ? » Ma réponse est non, parce que « faire avec », c'est déjà agir. Baisser les bras, c'est tomber dans l'assistanat, j'oserais même dire, c'est abonder dans le fonctionnement décidément trop désuet des institutions qui pendant longtemps sont parties de ce constat lamentable : « Le père est alcoolique ? Donc, ce gosse ne s'en sortira pas... »

Alors, les modèles ? Ils sont très importants, parce qu'un enfant ou un adulte sans représentation est comme un individu en état de coma ; il présente un électroencéphalogramme plat. Il faut pouvoir se projeter sur un adulte de sa famille, de son école, de sa communauté, sur un acteur, un personnage imaginaire... Peu importe qu'il s'agisse de Zidane ou d'un autre, ce qui compte, c'est que la référence permette de se tenir droit. « Ah ! j'aimerais bien être comme lui, je vais essayer d'être comme lui, ça me donne des idées, je pourrais peut-être... » Les héros imaginaires très souvent choisis par les enfants (je leur demande toujours en consultation quels sont leurs modèles) les protègent d'une réalité négative ; ils vont exercer un contrepoids sur ce qui est le plus difficile à vivre. Et le contrepoids offre une possibilité de rebondissement. Refermons la parenthèse jusqu'à la rencontre du prochain « petit mec » ou de la « petite nana » qui, en dépit d'une adversité terrible, a réussi à se tenir droit. « Tiens-toi fier », me dit souvent l'un de mes amis !

Compétences cognitives

J'ai déjà abordé précédemment et succinctement le domaine des compétences cognitives à propos des « portraits-robots des enfants résilients ». Parce que l'« intelligence » est un concept bien flou, je vous propose, pour affiner son approche, l'aide de sept paramètres.

Tout d'abord, le **quotient intellectuel** (QI), dont on a constaté qu'il est souvent élevé chez les enfants résilients. À la différence de beaucoup de spécialistes de la résilience, je ne pense pas qu'un QI important soit systématiquement un bon prédicateur de résilience. Mais, quoi qu'il en soit, les observations faites sur les enfants à risque ne mentionnent pas chez eux de déficience intellectuelle particulière. Prenons par exemple les travaux d'Emmy Werner sur une île voisine de Hawaii, déjà évoqués plus haut. Sur les 698 enfants étudiés, dont 201 vulnérables, il n'y avait qu'un seul cas de quotient intellectuel inférieur à 80 à l'âge de deux ans. Cattel, c'est d'elle dont il s'agit, sera effectivement affectée à dix ans d'un vrai retard mental.

Hormis un niveau de base à atteindre aux tests de quotient intellectuel, il apparaît tout aussi important de valoriser le **quotient émotionnel** (QE). Celui-ci a été défini par deux chercheurs américains, John D. Mayer et Peter Salovey, suivant quatre aptitudes : *identifier* son état émotionnel et celui des autres ; *comprendre* le déroulement des émotions ; *raisonner* sur ses propres émotions et celles des autres ; *gérer* ses émotions et celles des autres.

Il y aurait donc un équilibre à trouver entre raison et émotions pour parvenir à l'expression d'une « véritable » intelligence qui, lorsqu'elle est atteinte, autorise à prédire le succès d'un individu. En effet, un haut quotient émotionnel améliore considérablement les compétences relationnelles, essentielles dans le processus de résilience et la construction de la personnalité.

Pour William Blythe, un peu comme pour Jean-Philippe, tout a commencé mal et très tôt dans la vie. Quand il est encore dans le ventre de sa mère, son père se tue dans un accident de la route. À sa naissance, William portera le prénom de son père défunt et sera placé chez ses grands-parents maternels à la campagne afin de permettre à sa mère d'entreprendre des études paramédicales (Bill est le second prénom de William).

Pendant ses études, sa mère rencontre celui qui deviendra son second mari, un concessionnaire de voitures américaines qui a malheureusement une fâcheuse tendance à boire… William reste encore quelque temps chez ses grands-parents.

Quand il revient chez sa mère, il découvre un beau-père violent qui a pour distraction favorite, quand il est ivre, de tirer des coups de pistolet dans la salle à manger. Drôle de climat… qui va conduire William à mûrir très ou trop rapidement. C'est ainsi d'ailleurs qu'il parle de son adolescence : « À seize ans, j'en avais déjà quarante. » Pour fuir cette atmosphère familiale morbide, il va s'investir comme un fou dans les études. C'est sa résilience. Mais, curieusement, il ne nourrit aucun ressentiment vis-à-vis du mari de sa mère. Preuve en est, « par amour filial, confiera-t-il, je changerai de nom pour porter celui de mon beau-père ». Avec une bourse en poche, et après avoir passé un an dans la prestigieuse université d'Oxford, il rencontrera puis épousera celle qui restera sa femme jusqu'à ce jour.

Un autre projet de vie s'était dessiné au moment où, encore chef scout, il avait eu l'occasion de croiser le président John Fitzgerald Kennedy. Une photo qui immortalisa l'événement ne quittera plus le fameux bureau ovale.

Son ambition en politique le portera au sommet de l'État avec le soutien inconditionnel de ses enfants et de son épouse, Hilary, qui déclarait à qui voulait l'entendre : « 1992 sera l'année Clinton ! »

Quand fort quotient intellectuel et fort quotient émotionnel se conjuguent, tout semble ouvert...

Autre paramètre qui sera déterminant dans le domaine des compétences cognitives, c'est **l'acquisition précoce du langage**. C'est un avantage énorme pour le tout-petit de commencer à parler et d'être aidé dans cet apprentissage ! Le langage va lui apporter très vite une protection dans ses relations aux autres. Les mots permettent de se nommer, de dire « moi », de se défendre, de se rapprocher, d'émettre des désirs, et ainsi de suite. Là encore, le rôle de l'entourage est décisif.

Parlons maintenant de la **capacité à planifier**, à anticiper un objectif à atteindre. Quel vaste programme à court, à moyen et à long terme ! Nous l'avons déjà évoqué, mais nous pouvons encore préciser ce qu'est cette capacité chez l'enfant, l'adolescent ou l'adulte. C'est une aptitude à résoudre des problèmes précis, à tenir compte des embûches à éviter pour parvenir au but fixé, tout en faisant preuve d'esprit d'initiative. S'agissant des enfants, on sait qu'ils ont une curiosité naturelle qui les amène à accumuler des expériences, bonnes ou mauvaises. Ils testent leur environnement matériel et humain. Comment se développer, renforcer son efficacité personnelle, apprendre à se contrôler sans faire d'expériences ? Si cette adaptation au monde extérieur est réussie, elle jouera un rôle déterminant « à vie ». L'individu saura s'adapter en toute circonstance.

Le **sentiment de sa propre compétence** s'apparente à l'efficacité personnelle, à la confiance en soi, avec un petit plus, la sensation de pouvoir agir sur le monde qui nous entoure. Cette caractéristique contribue à expliquer pourquoi les enfants résilients cherchent et trouvent une écoute, une protection. Lorsqu'un enfant, un adolescent, parvient à faire comprendre à son entourage qu'il est important qu'on l'aide à réaliser tel ou tel projet, c'est pour lui déjà une véritable victoire ! Puis, par la satisfaction du besoin, l'idée d'échec est évacuée et le sentiment de sa propre compétence est comblé ! C'est ainsi que se mettent en place les bases de la sécurité et du respect de soi.

La **compréhension de soi** signe un rapport au monde spécifique à la personne qui expliquera ce qu'elle ressent en fonction de son expérience vécue. Elle développera donc la faculté de prendre du recul, de mettre une distance entre sa propre vie et le reste, « ce qui ne lui appartient pas psychologiquement ». Tout en restant en éveil face à son environnement, la personne en résilience, après avoir identifié les problèmes et leurs causes, cherchera des solutions adéquates pour elle-même et son entourage.

La **pensée opératoire formelle** est un mécanisme qui ouvre la résilience chez des sujets qui utilisent essentiellement leur pensée, « qui font fonctionner leurs méninges »… pour régler une situation adverse. Cette stratégie fait gagner du temps et de l'énergie puisqu'elle oblige à anticiper.

Steven est l'illustration parfaite de l'adulte que peut devenir un enfant qui a subi des traumatismes, quand il fait jouer ou qu'on l'autorise à faire jouer tous les ressorts de son intelligence. Nous avons dit compétences cognitives ? Voyons voir…

Steven a grandi dans une famille juive, aux États-Unis. Son enfance est marquée par les récits des persécutions qu'ont subies ses grands-parents et par l'histoire du génocide juif pendant la Seconde Guerre mondiale. Il n'a qu'un seul souhait, être intégré, devenir un petit Américain comme les autres. Or, lorsqu'on croit en avoir fini avec son passé, c'est le passé qui n'en a pas fini avec vous ! Steven réussit à résister aux humiliations qu'il subira à l'école – toujours liées à ses origines – grâce à son imagination. Devant ses trois sœurs, son public préféré, il imagine des sagas extraordinaires, pleines de suspense, avec des personnages effrayants, terrifiants ! On peut comprendre pourquoi ses parents lui avaient interdit de regarder la télévision…

Son père, un ingénieur en électronique de génie, est réclamé un peu partout aux États-Unis et sera amené à déplacer à plusieurs reprises toute sa petite famille. Sa mère, pianiste classique, éblouira la maison par son imagination débordante. Dans cette famille inventive, Steven peut développer une très grande créativité et se verra offrir, pour ses huit ans, une petite caméra Super 8. Il commence ses premières mises en scène, avec ses jouets, des trains, des voitures, des camions, le tout dans un décor de chambre rappelant Capharnaüm.

À seize ans, coup de tonnerre dans le ciel bleu, ses parents divorcent ! Peu de temps après cette rupture traumatisante pour les enfants, dans laquelle Steven refuse de prendre parti, il part pour Los Angeles et découvre les studios Universal. Son projet de vie est scellé, il intégrera la famille du cinéma, à n'importe quel prix. Pendant des mois, il se rendra chaque jour aux studios, en costume-attaché-case, poussant le vice jusqu'à occuper un bureau sans avoir de travail. Et, pour vivre, il sera employé à la cantine de l'université de Californie. À force d'économiser il réussira à s'acheter une caméra 16 mm, avec, en tête, une histoire de camions avec moult carambolages et rebondissements, comme quand il avait douze ans. En utilisant toujours d'ingénieuses stratégies, il parviendra à signer un premier contrat en tant que réalisateur de série télévisée à vingt-deux ans ! Son vrai laissez-passer pour les studios, il l'obtiendra après avoir montré à l'un des directeurs d'Universal un petit film réalisé sur d'autres films : le premier making-off de l'histoire du cinéma.

Steven Spielberg réalisera sans doute les plus grands succès de l'histoire du cinéma américain.

Compétences émotionnelles

Un certain nombre de paramètres décrivent plus précisément la compétence émotionnelle. Retenons-en deux.

La **régulation émotionnelle** consiste à contrôler en toute lucidité ses émotions ; c'est une qualité positive. Il faut cependant faire attention aux effets négatifs de ce mécanisme : appliqué de façon trop rigide, il peut provoquer chez certains sujets une mise en retrait par inhibition ou émoussement émotionnel.

Le second paramètre réside dans la **capacité à différer la satisfaction d'un besoin associé à une haute estime de soi**. Il est fréquent de l'observer chez des enfants ou des jeunes adolescents qui, issus de milieux défavorisés, ont l'habitude de connaître la privation. Il y a ceux « qui veulent tout, tout de suite » et les autres. On peut associer cette capacité à une forme de sagesse, à l'assurance aussi que « tout vient à point à qui sait attendre », pour citer Rabelais.

Créativité et sens de l'humour

Voilà un trait de personnalité fréquemment rencontré chez les personnes résilientes quel que soit leur âge. Nous avons évoqué Smaïn, qui nous fait rire de ses propres malheurs. Le sens de l'humour fonctionne toujours comme un sésame. Il ouvre les portes du dialogue, permet de « désamorcer » un conflit et de susciter chez les interlocuteurs l'intérêt par l'amusement. L'humour a pour but de diminuer les tensions intérieures. En exploitant ce pouvoir comique tout en se sachant au cœur d'un traumatisme, la personne en résilience ira au-delà, comme Roberto Benigni le montre dans *La vie est belle*. Vous vous souvenez sans doute du film : Guido est un jeune père d'origine juive. Au moment où les lois raciales entrent en vigueur en Italie, il est brutalement déporté avec son petit garçon et tente de le protéger de la réalité des camps nazis en l'invitant à entrer dans un jeu incroyablement drôle. Ce clown improvisé a imaginé une fable pour sauver son fils et tenir en respect la barbarie.

Créativité et humour ont en commun d'emprunter à l'imaginaire les ressources nécessaires pour supporter le poids de la réalité en transformant la victime en acteur-concepteur. L'art engage les personnes en résilience à convertir leur souffrance en objet de fierté.

L'art brut ou la résilience par la créativité

Dans son livre *Un merveilleux malheur*, Boris Cyrulnik note que « les enfants abandonnés qui gardent en eux la trace de leur carence affective ont toujours la possibilité d'échapper à cette trace par la parole qui leur permet de remettre en chantier ce souvenir et parfois même de transformer l'histoire de leur vie en œuvre d'art ».

Toute expression artistique est un vrai révélateur de résilience, et l'art brut[1], en particulier, par sa spontanéité, pourrait correspondre à cette « remise en chantier du souvenir », dont parle Cyrulnik, pour tous ceux qui ont fait de leur souffrance un matériau de création. La parole douloureuse s'arme de crayons, de pinceaux pour éclater ensuite sur des toiles ou des murs, en peintures, sculptures ou collages... On ne peut s'empêcher d'évoquer un jeune peintre américain d'origine haïtienne, Jean-Michel Basquiat, qui a su, avant de disparaître, exprimer sa douleur dans des graffitis de toute beauté. On pense aussi à tous ceux qui, dans l'anonymat, parce qu'il n'y a pas toujours un Andy Warhol pour vous tendre la main, ensoleillent les murs sombres de nos villes et de nos cités.

Dès 1945, Jean Dubuffet définit l'art brut ainsi : « dessins, peintures, ouvrages d'art de toutes sortes émanant de personnalités obscures, de maniaques, relevant d'impulsions spontanées, animées de fantaisie, voire de délires, et étrangers aux chemins battus de l'Art catalogué ».

Ces personnes, souvent anticonformistes et sans éducation artistique, développent leur art pour elles-mêmes, librement, sans se soucier des critiques formulées par les autres. Prisonniers, internés psychiatriques, autodidactes et autres doux illuminés... ils sont souvent sans le savoir représentants d'une contre-culture passionnante et développent leur personnalité à travers un projet unique, la réalisation d'une œuvre

1. L'expression « art brut » a été inventée par Jean Dubuffet (1901-1985) pour désigner les formes non récupérées de l'art naïf et de l'art dit populaire, ainsi que certaines productions d'artistes marginaux et de malades mentaux, symbolisant pour lui l'art moderne. La sublime collection d'art brut qui se trouve depuis 1976 à Lausanne jouit d'une renommée internationale.

artistique. Ainsi le mal-être se transforme-t-il en objet de fierté. Une fois l'agitation intérieure représentée par le dessin ou la forme, un « certain ordre » finit par s'installer dans leur vie douloureuse.

La plupart du temps, l'extraordinaire puissance de leurs créations invite à une réflexion. Ces artistes parviennent à s'adapter à des conditions de vie parfois extrêmement difficiles et démontrent ainsi un fonctionnement résilient.

Capacité à aider les autres

La rencontre de l'autre et son prolongement, la « capacité à l'aider », favorisent la résilience. Ces caractéristiques se retrouvent très souvent chez les thérapeutes en tout genre ! De là à dire que tous les professionnels de l'enfance sont des résilients, il n'y a qu'un pas que je ne m'aventurerai pas à franchir, quoique… Finalement, il existe de nombreux bénéfices secondaires à vouloir aider les autres. En trouvant du sens à travailler avec les enfants et les adultes, on étaie son propre développement psychique.

Par la suite, cette compétence empathique stimulera l'intellect par l'utilisation chez les personnes résilientes des facultés d'abstraction, de raisonnement, d'organisation, de résolution de conflits. Enfin, le résultat de la capacité à aider les autres s'exprimera souvent par l'engagement institutionnel ou associatif.

Avoir foi dans sa propre vie

Quel que soit l'âge des personnes résilientes, elles ont toutes un point commun : elles se construisent par rapport à une forme de spiritualité. Elles ont foi en quelqu'un ou en quelque chose, au-delà d'elles-mêmes. Pour certaines, la foi se manifestera par un esprit d'entraide. Agir pour l'autre, être à son écoute, leur renverra un sentiment de bien-être intérieur et de légitimité, la sensation d'être à leur place dans cette vie-là (*the right man in the right place*, disent les Anglo-Saxons).

D'autres adopteront une démarche éthique qui guidera leurs actes avec la certitude d'agir pour ce qui est bien et contre ce qui est mal. Cette conduite éthique multiplie les phénomènes d'empathie.

Le film de Roman Polanski, *Le Pianiste*, palme d'or à Cannes en 2002, retrace la vie de Wladyslaw Szpilman, brillant pianiste juif polonais, avant, pendant et après la Seconde Guerre mondiale en Pologne. « Le ghetto n'existait pas encore. Je vivais chez mes parents rue Sliska, avec mes sœurs et mon frère. J'étais pianiste pour Radio Pologne », ce sont les premières lignes de son autobiographie. Toute sa famille est déportée et Szpilman contraint de vivre au cœur du ghetto de Varsovie, d'en partager, avec tous les autres « proscrits », les souffrances, les humiliations et les luttes.

Il parviendra à s'échapper et à se réfugier dans les ruines de la capitale. Il errera, seul, dans cette ville fantôme en espérant revoir un jour sa famille vivante. Ce qui l'aidera à tenir, c'est la musique et un piano souvent imaginaire. Jouer encore à la radio de Varsovie ou peut-être s'asseoir derrière un piano, dans une immense salle de concert quand tout sera fini… c'est sa foi, la branche à laquelle il se raccroche.

Comment vivre quand on a tout perdu ? Voilà la question à laquelle Szpilman a répondu en poursuivant son chemin, habité par la seule chose qui lui reste, sa passion ; son piano est son projet de « survie ». Un officier allemand, fou de musique, le sauvera… parce que Wladyslaw Szpilman était un merveilleux musicien.

Le film de Roman Polanski, lui aussi survivant du ghetto de Cracovie, montre comment l'amour d'un homme pour la musique, son art, lui donne la force de traverser l'enfer.

Grâce à son témoignage, *Une ville meurt*, écrit juste après la guerre, en 1946, on apprend que Wladyslaw fut un jeune homme enthousiaste qui avait reçu de ses parents beaucoup d'amour et d'attention. Après la Libération, il a repris son travail à la radio de Varsovie, fondé une famille, continué à composer des œuvres pour piano et participé à de nombreuses créations artistiques. Il a toujours été un symbole en Pologne, respecté et admiré de tous. Il s'est éteint en 2000.

Nous arrivons au terme de ce catalogue type des caractéristiques des personnes résilientes. Il faudrait bien sûr le nuancer puisque la résilience se manifeste à tous les âges. Tenir compte du fait aussi que certains paramètres, même présents, s'exprimeront à différents niveaux d'intensité. Que d'autres, ici cités, seront parfois totalement absents, sans pour autant obstruer l'émergence du processus de résilience.

Les facteurs de résilience

Après avoir dressé un portrait-robot des enfants résilients puis défini les grandes caractéristiques favorables à la résilience, nous allons nous arrêter sur les facteurs propices à l'émergence du processus. Les facteurs de résilience d'ordre intellectuel, comportemental et psychosocial vont, selon les situations, favoriser ou entraver la résilience. En conséquence, nous nous devons d'être extrêmement prudents sur leur fiabilité dans le temps, de l'enfance à l'âge adulte.

Les questions fondamentales sont : d'où proviennent les qualités ou caractéristiques de la résilience, et pourquoi certains enfants/adolescents/adultes parviennent-ils à dépasser un traumatisme et à sortir renforcés de l'épreuve et d'autres pas ? Il y a deux hypothèses possibles.

Les facteurs de résilience seraient exclusivement d'origine génétique

Cette première théorie semble encore de nos jours contenter de nombreux chercheurs américains. Elle implique que tout serait joué avant la naissance. S'appuyant sur des théories fixistes selon lesquelles le cerveau détiendrait un équipement congénital et biologique prédéterminé, certains spécialistes défendent l'idée que l'ensemble de nos comportements dépendrait de cet outillage. Dans certains cas il serait complet, dans d'autres défectueux… Ainsi, sans l'existence du cerveau prééquipé, face à une situation à risque, il serait impossible de trouver une stratégie comportementale efficace. La thèse est dangereuse car elle ne laisse aucune chance à ceux qui n'auraient pas été « élus ». Elle finira sûrement par être écartée puisque aujourd'hui chacun sait que le cerveau est en perpétuelle évolution face au monde et à ses stimuli. Ce qui signifie que nos neurones et leurs connexions se modifient dans une dynamique, certes variable selon les individus, mais réactive aux multiples sollicitations du milieu environnant.

Dans ces conditions, l'origine exclusivement génétique apparaît difficile à défendre ; il est impossible d'expliquer que les facteurs de résilience reposent uniquement sur des traits de personnalité immuables !

Les facteurs de résilience proviendraient de plusieurs origines, génétique, certes, mais aussi environnementale

Cette seconde théorie offre la possibilité d'introduire la notion fondamentale de stress[1] pour bien comprendre le fonctionnement de la résilience.

En effet, depuis que des études ont été faites sur le stress, ses multiples causes ou conséquences, notre approche des répercussions des chocs sur le cerveau est différente. Elle s'est enrichie d'armes supplémentaires : on sait que le stress est souvent l'addition de plusieurs facteurs. Un événement peut être un déclencheur, puis se surajoutent des contextes qui amplifient la sensation de stress, la santé, la vie familiale, l'univers professionnel, etc., et réciproquement. Or le fonctionnement de la résilience se trouve aussi à la croisée des chemins. Prenons la métaphore de la pierre trop lourde. La pierre serait le traumatisme et le point d'appui pour tenter de la déplacer serait le capital génétique propre à chacun, le système de levier étant représenté par le vécu et l'environnement de l'enfant. Sans point d'appui, pas de possibilité de faire levier pour déplacer le traumatisme. Sans système de levier performant, même chose. La résilience est une équation à résoudre dont les divers paramètres doivent refléter la pertinence d'une telle opération.

Traumatisme, point d'appui, levier, ces éléments combinés symbolisent les facteurs de résilience. Voilà pourquoi, après un traumatisme, l'enfant, avec sa capacité de réaction couplée à son pouvoir d'adaptation, verra un processus de résilience se mettre en place si son environnement l'y autorise. L'idée d'autorisation, qui s'oppose à celle de frein, est fondamen-

1. Sur le stress, voir aussi la Quatrième clé, « Stress et résilience ».

tale. La problématique des êtres traumatisés est de se sentir différents, « pas comme les autres ». À partir du moment où des personnes de l'entourage de ces « enfants/adolescents/adultes en désarroi » les autorisent à vivre leur différence dans un cadre donné, ils pourront s'épanouir et redevenir, toujours dans une certaine mesure, comme les autres ou accepter pleinement leur particularité.

Bizarrement, deux propositions deviennent possibles : une enfance structurée, heureuse en milieu familial avec des relations de qualité, et, seconde possibilité, une enfance difficile, en milieu déstabilisant, avec l'« avantage » d'être vacciné. Michael Rutter a d'ailleurs développé ce concept de « vaccination » de l'enfant qui réagirait mieux face à l'adversité en situation traumatique. Imaginez un vaccin psychique qui contiendrait des anticorps renforçant l'estime de soi, l'humour, la sympathie…

Aujourd'hui Robin a quarante ans et il est chercheur au CNRS. C'est un mathématicien que j'ai eu l'occasion de suivre, adulte, en thérapie. Les épreuves laissent des traces, des empreintes qui, très longtemps après, peuvent encore vous ralentir dans votre parcours. Pourtant, comme au départ tout n'était pas rose, on aurait pu penser que Robin, qui avait été « ô combien vacciné », serait à jamais un adulte protégé. Mais on n'en finit jamais avec la résilience…

Lorsque Robin arrive au monde, ses parents traversent une période de grand dénuement. L'entreprise qui faisait vivre leur village du nord de la France vient de fermer définitivement. Son frère naîtra cinq ans plus tard, et la situation familiale se précarisera encore davantage. Alors, à l'âge de huit ans, le jeune garçon est placé dans une exploitation agricole pour soulager financièrement ses parents. En contrepartie, Robin travaillera très dur. Il est consigné à l'étable pour traire les quarante-huit vaches laitières. Le calvaire ne fait que commencer. Le fermier est brutal et ne supporte aucune contestation. Lever à l'aube tous les jours, même le dimanche. Le jeudi, Robin doit laver un à un les œufs sales du poulailler. Quand il s'en souvient, il retrouve intact, aujourd'hui encore, le dégoût et la violente envie de vomir qu'il ressentait enfant.

L'école passe évidemment après le travail de la ferme. Le maître, agacé tout d'abord par la conduite et les retards de ce drôle d'écolier, va cependant très vite s'en occuper et lui faire récupérer le niveau scolaire requis. Robin n'a le temps ni de lire ni d'apprendre ses leçons mais il est très doué en mathématiques. Avant son entrée en sixième, à force de patience et d'énergie, l'instituteur l'aidera à obtenir une bourse d'études pour entrer dans un bon internat. Robin y excellera tant les méthodes de travail se révéleront souples et accessibles (vacciné !). Il obtiendra un bac scientifique avec mention « très bien » et intégrera par la suite la filière qui le conduira au CNRS. On peut imaginer la fierté et l'admiration de ses parents, de son frère et du maître d'école, son tuteur !

L'enseignant a tenu son futur chercheur par la main, lui a permis de dépasser des conditions de vie très éprouvantes et de parvenir grâce à ses études à une très grande réussite professionnelle. Ce tuteur de développement, aujourd'hui disparu, lui a aussi transmis le souci des autres. Maintenant c'est Robin, qui, par le biais d'une association de réinsertion de jeunes en difficulté scolaire, protège et soutient les plus faibles à l'école.

Variabilité des facteurs de résilience

Si nous nous fions à notre dernière hypothèse, à savoir que les facteurs de résilience auraient plusieurs origines, génétique, cognitive, comportementale et environnementale, il ne nous étonnera pas de constater que ces éléments se montrent fluctuants dans la vie d'un individu ayant subi une ou des grandes blessures. Les quelques points récapitulatifs qui vont suivre sur la grande variabilité de ces facteurs recoupent et complètent notre première approche de la résilience, « Idées fausses, idées vraies... »

a) La résilience n'est pas une capacité permanente. Suivant l'âge, le contexte et d'autres critères, elle peut passer du tout au rien. Elle changera selon l'intensité de la vulnérabilité chez l'enfant.

b) La résilience n'est jamais totale. L'expression « on peut être résilient à l'école et pas en famille » résume parfaitement l'idée de variabilité extrême des facteurs de résilience, en fonction du milieu dans lequel l'enfant évoluera.

c) L'autoestimation de l'enfant peut varier face aux épreuves de la vie, rendant instable ou stable le processus de résilience dans le temps.

d) La sphère des pensées et des comportements, suivant l'âge et les situations de la vie, connaîtra de nombreuses fluctuations qui rendront plus ou moins fragile la résilience. Néanmoins, l'évaluation des comportements et des performances intellectuelles de l'enfant semble délicate puisqu'elle dépend aussi du milieu dans lequel il grandit.

Pour conclure cette approche de la variabilité des facteurs de résilience, on aimerait dire que rien n'est acquis en matière de fixité de la résilience. Répondre ensuite à la question posée dans ce chapitre, pourquoi certains individus réussissent-ils à franchir le cap du traumatisme et d'autres pas. Nous disposons maintenant de données qui nous permettent d'affirmer que chacun arrive avec son petit capital, son bagage génétique ; à l'instant « T » (T comme Traumatisme, T comme Temps), beaucoup de barrières peuvent se mettre en travers de sa renaissance, des freins d'origine scolaire, familiale, communautaire. Mais les traits de sa personnalité jouent aussi sur la mise en place du processus de résilience. Un enfant au tempérament austère, nous en avons parlé, aura plus de difficultés à attirer la « sympathie » qu'un enfant charmeur, au caractère facile, donc à trouver ce tuteur qui lui tendrait la main. Mais rien n'est clos, le tempérament peut changer, les freins lâcher et de nouveaux tuteurs ou « passeurs » se présenter. Cela donne de l'espoir à celles et à ceux qui n'ont pas su rebondir à l'instant « T » et qui le feront plus tard, peut-être...

Échelle de résilience

Il n'existe pas à ce jour d'échelle valide et fiable d'évaluation de la résilience. Cependant, la « Casita » est un outil très performant pour percevoir dans sa globalité un enfant traumatisé.

L'utilisation de tests projectifs, comme le bien connu test de Rorschach (test des taches d'encre qui évalue le fonctionnement psychique), complète le tableau lorsqu'il est nécessaire de mieux cerner la structure de la personnalité du sujet.

La Casita représente, sous forme de maisonnette, les différentes facettes de la résilience. Mis au point par Stefan Vanistendael en 1996 au Bureau international catholique de l'enfance, ce plan architectural de la résilience est un support de réflexion, un socle à partir duquel pourra être mise en route une pratique éducative auprès des petits traumatisés. La Casita offre une vision globale du développement « normal » de l'enfant.

Ce schéma sert de base à l'élaboration d'un travail sur les différents domaines possibles d'intervention pour la construction de la résilience. Sur le terrain, les spécialistes de l'enfance interviennent, en fonction des enfants, un peu comme des ouvriers du bâtiment !

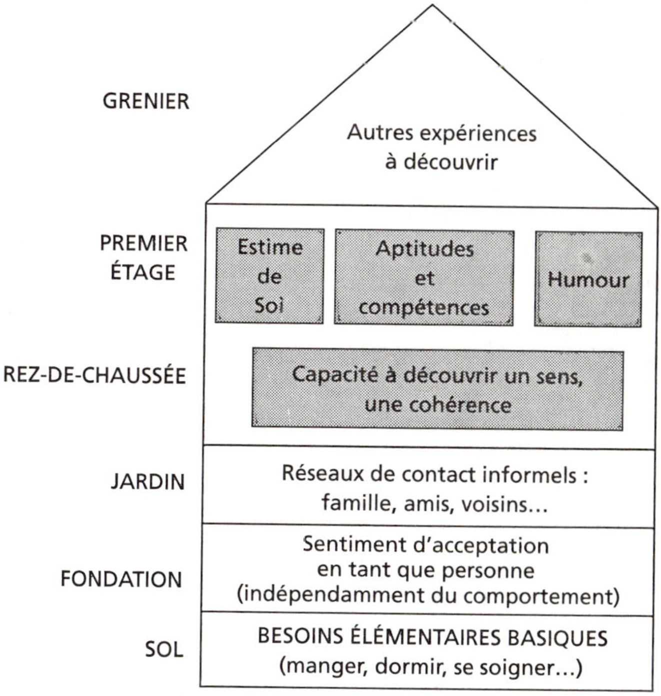

Le sentiment d'acceptation en tant que personne

Une fois les besoins de base assurés, il s'agit de bâtir la confiance fondamentale qu'une personne doit avoir en elle-même. Celle-ci s'acquiert dès le plus jeune âge grâce à l'entourage proche (parents, famille élargie) qui contribuera ou non à la qualité des liens établis. L'enfant installera alors sa façon d'être en relation avec les autres. Cette capacité de relation représente les fondations et le sol qui supporteront l'édifice à construire pour le bon développement de l'enfant.

Les réseaux de contact informels

À partir du moment où l'enfant a le sentiment d'être accepté pour ce qu'il est, en tant que personne, les réseaux de contact informels vont se manifester avec de nombreuses fluctuations dans le temps. Les moments remplis, entourés, vont alterner avec les instants de solitude. Les réseaux (famille, amis, voisins) se modifient au cours de l'existence de chacun et constituent aussi les fondations de la Casita.

La capacité à découvrir un sens, une cohérence

Le rez-de-chaussée de la Casita s'édifie quand les fondations se révèlent solides. L'aptitude à découvrir un sens à sa vie nous concerne tous et se joue sur les différents niveaux de rapports au monde, philosophique, éthique, esthétique, émotionnel, relationnel… C'est l'environnement qui déterminera le degré d'élévation possible, en fonction des stimuli apportés aux enfants, qui y répondront ou pas. Un proverbe résume bien ce rez-de-chaussée de la Casita : *Primum vivere, deinde philophare*, « Vivre d'abord, puis philosopher ».

Estime de soi, humour, aptitudes et compétences

Le premier étage dépend évidemment des fondations et du rez-de-chaussée pour que soit garantie au bâtiment une parfaite solidité. Autrement dit, à partir du moment où les besoins fondamentaux sont satisfaits, où l'on s'accepte en tant que personne, puis où l'on possède un réseau de contacts et où l'on a réussi à donner un sens à sa vie, alors le premier étage devient accessible. Chaque composante a déjà été évoquée dans le début de ce chapitre.

Les autres expériences à découvrir

C'est le même principe pour le grenier qui termine la Casita. Les autres expériences à découvrir sont également abordées en début de chapitre.

En conclusion, chaque élément ou pièce composant la Casita doit être considéré indépendamment. Le but étant, à travers un dessin, de comparer ces espaces

Pyramide de Maslow

distincts les uns par rapport aux autres (formes, dimensions, emplacements). Ici, les cases, les étages se rempliront, petit à petit, au fur et à mesure des consultations faites avec l'enfant que l'on souhaite évaluer, jusqu'à l'obtention d'une représentation « visuelle » mais bien sûr subjective de sa personnalité.

Il ne s'agit en rien d'un diagnostic à établir mais seulement d'une concentration de réflexions plurielles dans un même lieu qui respecte la dignité de la personne.

La Casita, dans ces conditions, est un formidable outil d'investigation, sur la hiérarchisation des besoins humains. On l'utilisera en complément d'autres outils, comme la pyramide de Maslow.

Nous venons d'approcher ces enfants résilients « François, Jean-Philippe, Billy et les autres... ». Je vous propose maintenant de les regarder de beaucoup plus près, au microscope, pourrait-on dire.

Troisième clé

Comment fonctionne la résilience ?

J'aimerais pouvoir vous répondre : « Vous branchez et vous appuyez sur le bouton rouge qui est en haut à gauche », par exemple. Ou alors – parce que j'ai mis hier en marche une nouvelle imprimante – vous dire : « C'est facile, vous placez votre tête de lecture dans cette petite case, vos réservoirs d'encre dans l'autre, puis vous allumez votre ordinateur. Là, avec la disquette d'installation, vous ne devez pas vous tromper. » Bien sûr, vous n'êtes pas à l'abri de quelques erreurs (facteurs de risque) mais comme vous êtes malin et votre ordinateur superintelligent tout va s'arranger (facteurs de protection). Et puis, entre nous, si vous aviez pris la peine, avant toute chose, de lire le mode d'emploi de la machine au lieu de jouer au professeur Tournesol, vous ne vous seriez pas égaré. Une imprimante, ce n'est pas avec un pendule que ça démarre... Mais voilà, si la résilience est accessible à tout le monde comme l'installation d'un nouvel accessoire sur un ordinateur, pour autant, il faut bien se rendre à l'évidence : il n'y a pas de notice. C'est un phénomène qui touche le psychisme et nous fait donc pénétrer dans des sphères complexes et encore mal définies. On sait certaines choses : j'ai glissé quelques lignes plus haut des expressions comme « facteurs de risque », « facteurs de protection » qui vont intervenir dans un processus de résilience. Il est possible de les définir et, mieux encore, de les classer grâce aux travaux réalisés par des chercheurs. Mais ce petit élément en plus – j'ai parlé d'être « malin » – est beaucoup plus mystérieux et joue un rôle dans toutes les expériences humaines. Dominer un traumatisme en est une. Nous allons donc avancer pas à pas et avec prudence.

Avant de définir les « facteurs de risque » et d'observer les classifications qui nous sont proposées, disons à nouveau, parce que c'est l'une des singularités du phénomène de résilience, qu'un être humain peut dépasser un état de choc, retrouver une forme d'harmonie en dépit de la gravité des événements survenus dans sa vie. Je me répète volontairement tant il est important d'assimiler l'idée qu'en matière de bleus à l'âme (de maux de l'âme) rien n'est jamais perdu, à condition d'écouter, d'aider, d'agir. Si vous repensez au parcours de mon père, tout semblait s'être ligué contre lui. Le jeune Albert aurait pu être en proie à des désordres mentaux ou basculer dans la délinquance sans la rencontre de personnes attentives et une force personnelle qui lui ont permis de dépasser ses traumatismes. Et c'est peut-être aussi ce qui vous est arrivé : vous avez reçu un « paquet » de souffrances et, malgré tout, ça va ! Vous avez su rebondir, dominer les mauvais moments de la vie pour pouvoir passer à autre chose.

Les facteurs de risque

J'ai signalé dans l'historique de la résilience que, pendant très longtemps, l'attention des professionnels de l'enfance s'était portée naturellement sur les facteurs de risque susceptibles, à plus ou moins longue échéance, de déstabiliser un individu. Mais comment définir clairement un facteur de risque et être « objectif » sur ses conséquences pour un être humain donné ? Comprendre la façon – pour en revenir à l'image du matériel informatique – dont les événements vont s'« imprimer » dans la tête de quelqu'un ? La mesure du risque identifié est à considérer avec précaution. Les facteurs répertoriés ne se répercutent pas, et là est le mystère que j'évoquais il y a un instant, de façon identique sur les personnes (enfants ou adultes) qui y sont exposées. Nous réagissons tous différemment à un même danger, selon notre état du moment et l'environnement lié aux événements. Vous savez bien qu'au sein d'une famille dans laquelle les enfants ont vécu « a priori » la même histoire, les mêmes joies et souffrances, reçu la même éducation, il y aura souvent un petit canard boiteux dont la maman dira, parfois avec une forme de fierté : « Oui, mais Thomas/Lucien/Marine, ce n'est pas pareil, c'est un enfant sensible... » Ou alors elle n'aura rien vu et c'est beaucoup plus embêtant pour le petit Thomas, Lucien, etc. Les parents n'aiment pas être dérangés ! J'entendais, il y a quelques jours, une interview (un document d'archives) du philosophe Michel Foucault sur son enfance. Il racontait que, lorsqu'il était triste, ses parents lui demandaient systématiquement et presque durement : « T'as mal où ? » Un bon mal au ventre ou à la gorge est moins perturbant quand on est père ou mère que de s'avouer que son enfant a le cafard, le blues, ou mal au cœur au sens figuré.

Ces remarques étant formulées, regardons comment sont définis et répertoriés les facteurs de risque.

Définition des facteurs de risque

Évoquer le mot « risque » renvoie à sa définition. Voici ce que nous dit le *Petit Robert* : « Danger éventuel plus ou moins prévisible. » Ici, le risque se conçoit telle une probabilité d'exposition à un danger plus ou moins sérieux.

Chez l'enfant, le *Grand Dictionnaire de la psychologie* Larousse définit le risque comme « une prévision statistique de morbidité ou de retard de développement, général ou limité à un domaine de la vie psychique ».

Les facteurs, dans le jargon des psychologues, ce sont des variables hypothétiques qui servent à établir des liens divers. Ces variables sont en rapport avec une probabilité de dysfonctionnement ou de perturbations psychologiques à venir.

De nombreuses recherches ont été consacrées aux facteurs de risque, fondées sur l'observation d'enfants qui ont évolué de façon positive pendant de longues périodes, malgré leur immersion dans un environnement à haut risque.

Parmi les « situations à haut risque » classiques sont répertoriées : la pauvreté chronique, une situation socio-économique précaire, une configuration familiale instable, la pathologie d'un ou des parents ou de l'enfant, les maltraitances physiques ou psychologiques, la mort d'un parent, les placements de l'enfant, l'abandon, les guerres ou autres catastrophes à grande échelle…

Cette liste ne saurait être exhaustive tant les facteurs de risque ont la malheureuse faculté de se démultiplier à l'infini. Ce qui compte, c'est leur effet sur un enfant, ainsi que la notion de cumul. Plus un enfant cumulera de facteurs de risque, plus la probabilité qu'il développe par la suite un dysfonctionnement ou une psychopathologie deviendra grande. Ce phénomène de vulnérabilité potentielle qui s'accroît avec le nombre de facteurs de risque a été mise en évidence par le professeur Michael Rutter.

Ce professeur de psychiatrie de l'enfant fait partie du petit clan, avec Norman Garmezy et Emmy Werner, des créateurs du concept de résilience. Ses célèbres études effectuées en collaboration avec de grands chercheurs internationaux se sont rapidement orientées vers ce phénomène, s'intéressant plus précisément à la résilience et ses rapports au stress. La méthode suivie consistait à examiner les liens qui existent entre les différents stades de développement, de l'enfance à l'âge adulte. Michael Rutter, a réalisé, dès 1975, et sur plusieurs années, une recherche portant sur la fréquence des désordres mentaux chez les enfants de dix ans de l'île de Wight. Six facteurs de risque familiaux ont été identifiés : la discorde conjugale, la classe sociale défavorisée, la famille nombreuse ou surpeuplée, la criminalité paternelle, les désordres psychiatriques maternels, et le placement des enfants. Les résultats prouvent que la présence d'un seul facteur de risque n'augmente en rien la probabilité d'apparition d'un trouble psychiatrique par rapport à des familles « sans risque identifié ». En revanche, dès que deux facteurs sont repérables, la même probabilité se trouve multipliée par quatre. Enfin, comme dans un mouvement de spirale infernale, l'existence de quatre facteurs de risque augmente par dix la possibilité d'apparition de désordres psychiatriques.

Pour illustrer ce propos, il existe bien d'autres façons de présenter les facteurs de risque : tout comme les événements heureux de l'existence déclenchent une résonance positive sur les succès à venir, les mauvaises choses ont un impact négatif sur un moment précis de la vie (on dit communément « un malheur n'arrive jamais seul... »), sans pour autant devenir irréversibles, à condition de retrouver vite le chemin de la confiance en soi !

Classification des facteurs de risque

J'ai choisi de vous présenter plusieurs classifications parce qu'elles ont l'avantage d'être complémentaires et de rassembler les résultats de recherches menées ces dernières années.

Selon Emmy Werner (1996)[1], la notion de « situation à haut risque » répond aux facteurs suivants :

– pauvreté chronique ;
– mère peu éduquée ;
– complications périnatales modérées ou sévères ;
– retards ou irrégularités de développement ;
– anomalies génétiques ;
– psychopathologie parentale.

Elle a mis en évidence par la suite d'autres sources de stress concernant les enfants et les adolescents :

– séparation prolongée d'avec la personne qui prend soin de l'enfant (tuteur/*care giver*) au cours de la première année ;
– naissance d'un frère ou d'une sœur alors que l'enfant n'a pas encore deux ans ;
– maladies infantiles sérieuses ou répétées ;
– maladie parentale chronique ;
– maladie mentale des parents ;
– handicap, difficultés d'apprentissage ou troubles du comportement de l'un des membres de la fratrie ;
– discorde familiale chronique ;
– père absent ;
– perte de travail ou chômage sporadique des parents ;
– changement de résidence ;
– changement d'école ;
– divorce des parents ;
– remariage et arrivée des beaux-parents dans la maison ;
– départ ou mort d'un frère, d'une sœur ou d'un ami très proche ;
– placement familial.

1. Recherche citée d'après le rapport rédigé par Daniel Gottlieb à l'issu du séminaire du 30 mars 1999 intitulé « La résilience : état de la recherche et programmes fondés sur la recherche », p. 8.

À cette liste, de nombreux chercheurs ont apporté leur contribution en ajoutant par exemple :
- la violence familiale ;
- la guerre ;
- la mort d'un parent ;
- les catastrophes nucléaires[1] ;
- le placement dans un établissement hospitalier ;
- les déficits sensori-moteurs...

Selon Norman Garmezy[2], les facteurs de risque se déclinent en trois classes[3].

1. *Facteurs centrés sur l'enfant* : la prématurité, la souffrance néonatale, la gémellité, la pathologie somatique précoce (faible poids de naissance, atteintes cérébrales, handicaps,...), les déficiences cognitives, les séparations maternelles précoces.

2. *Facteurs liés à la configuration familiale* : la séparation parentale, la mésentente chronique, la violence, l'alcoolisme, la maladie chronique d'un parent (somatique ou psychique), la structure monoparentale, la mère encore adolescente ou immature, le décès d'un proche.

3. *Facteurs sociaux-environnementaux* : la pauvreté et la faiblesse socio-économique, l'absence d'emploi, le logement surpeuplé, la situation de migrant, l'isolement relationnel, le placement de l'enfant...

Faisons une pause dans ces inventaires plus graves que ceux du poète. Sur un terrain de foot par exemple.

Pourquoi choisit-on d'être défenseur d'une équipe de football ? Y a-t-il une raison cachée à ce choix, plus profonde que le pur amour du sport et du ballon rond ? Quelle idée vous passe par la tête quand vous décidez d'aller attaquer un adversaire alors qu'il vous

---

1. Un listing relatif aux catastrophes se trouve à la Quatrième clé.
2. D'après les travaux d'Anthony et de Chiland, 1980
3. Marie Anaut, *La Résilience*, Paris, Armand Colin, 2005.

a humilié en public ? Voici peut-être quelques éléments de réponse !

À huit ans, Lilian doit quitter la Guadeloupe avec sa mère et ses quatre frères et sœurs. Comme si l'absence du père et le déracinement n'étaient pas déjà des souffrances suffisamment lourdes à porter, l'un de ses frères meurt brutalement d'une malformation cardiaque. Lilian suit ses études sans grande motivation. Son unique passion, en fait, c'est le football. Il s'y consacre totalement, pratique intensément. À dix-sept ans, à la suite d'une blessure au genou, le jeune « espoir » apprend par le chirurgien qui doit l'opérer qu'il souffre du même handicap physiologique que son frère et que « le foot, il faudrait mieux mettre une croix dessus » ! C'en est trop. Quitte à mourir, Lilian décide que ce sera en beauté. Il va, contre tous les avis médicaux, continuer sa carrière avec, comme seul objectif, d'intégrer un club professionnel. Entre-temps, il se marie, fonde une famille, et, à nouveau, c'est le drame : le décès brutal de ses petits jumeaux. Il aura d'autres enfants par la suite.

Puis vient l'heureuse époque des sélections en équipe de France, jusqu'à son heure de gloire face à la Croatie, en demi-finale de la Coupe du monde, en 1998. Lilian n'a jamais cessé de se battre pour dépasser ses limites personnelles et professionnelles. À l'aube de sa retraite des stades, il s'engage dans la lutte pour les droits de l'homme et accepte de rejoindre le Haut Conseil à l'intégration. Dans sa famille, il se démène aussi pour transmettre à ses enfants leur culture, leurs racines. Ce grand footballeur défenseur a su rebondir face aux coups durs et aux ruptures qui ont jalonné sa vie. Il s'est prouvé à lui-même et nous prouve que nous pouvons être hypervulnérables mais, malgré cela, décider de mener une vie « normale ».

Laissons notre enfant de la balle à ses nouveaux combats pour conclure sur les classifications des « facteurs de risque ». Certains chercheurs, en quête d'une meilleure lisibilité, ont établi quatre sous-groupes[1] (assez proches, en fait, de la classification de Norman Garmezy).

1. La *situation familiale perturbée* qui inclut un certain nombre d'éléments comme :

– troubles psychiatriques ou comportements d'addiction des parents ;

– décès d'un ou des deux parents ;

– séparation prolongée d'avec la personne qui prend soin de l'enfant au cours des premières années de la vie ;

– absence du père ou de la mère ;

– discorde familiale chronique ;

– violences familiales (maltraitance physique et/ou psychique, inceste) ;

– divorce des parents ;

– placement familial.

2. Les *facteurs socio-environnementaux*

– chômage des parents ;

– pauvreté ou une situation socio-économique faible, précaire ;

– habitats insalubres (bidonville, squat,...)

3. Les *problèmes de santé chroniques* touchant soit l'enfant, soit son entourage très proche (handicap physique majeur ou maladie potentiellement létale).

4. les *menaces vitales* pour l'enfant (les guerres, les catastrophes naturelles et la migration).

Nous avons maintenant en main des grilles de lecture et des mises en garde. Ces outils peuvent être aussi utiles aux professionnels qu'au commun des mortels. Je m'explique : nous sommes tous confrontés un jour ou l'autre à de grands chocs dans nos vies ou dans celles de nos proches. Prenons l'exemple du pro-

1. « Résilience : concept et action », première session d'un séminaire technique sur la résilience tenu à Paris les 25 et 26 octobre 2000, ouvert par Amandine Theis.

blème de la drogue qui touche et déstructure beaucoup d'adolescents et leur famille. L'usage des drogues même « douces » sur des adolescents qui ont un terrain psychologique instable peut provoquer des phénomènes hallucinatoires très graves. Dans une société dont le tissu social est très distendu, la nôtre, et dans laquelle nous avons bien du mal à offrir à nos enfants la perspective de « lendemains qui chantent », il y a des combats à mener. Les marchands de rêves, d'espérance, ont souvent disparu des familles et sont remplacés par le petit dealer au coin de la rue, devant la porte du lycée ou à l'intérieur même de l'école ! L'accès aux produits toxiques est devenu très simple, et l'usager ne sera pas obligatoirement un préadolescent ou un adolescent ayant vécu un traumatisme grave. La grande majorité des consommateurs de drogue subit tout simplement la pression du groupe. Je ne veux pas me poser comme moralisateur mais dire, tout simplement, que, dans ce cas précis, si à la consommation de substances hallucinogènes s'ajoutent d'autres facteurs de risque, donc une « fragilité » réelle pour tel individu donné, nous nous devons d'être extrêmement vigilant. Comprendre, être informé, l'entourer vont permettre parfois d'éviter des drames. Car, attention, les facteurs de risque n'opèrent pas de manière isolée. Il faut prendre en compte un ensemble d'indices : le contexte individuel, familial, communautaire, culturel, l'âge de l'enfant et, pour la drogue, le contexte social.

Problématiques liées aux facteurs de risque

À l'âge de six ans a été diagnostiquée chez Claire une maladie endocrinienne rare, dont la particularité est de provoquer une prise de poids très importante (10 à 20 % par an à ajouter à la croissance normale). À l'entrée en sixième, Claire pesait soixante-cinq kilos et franchissait la barre des cent en arrivant en classe de seconde. Elle subissait bien évidemment les moqueries de ses camarades depuis déjà de nombreuses années. La psychologue de son lycée, touchée par son désarroi, lui conseilla d'entreprendre une « thérapie d'affirmation de soi ». Elle accepta d'entamer ce travail contraignant. Après six mois de suivi psychothérapique au sein du groupe d'affirmation, qui ne réunissait que des personnes obèses, Claire se révéla incroyablement épanouie. Elle continuera à s'affirmer avec le temps et dévoilera, par un humour féroce, un sens de la repartie époustouflant. Si bien qu'à son arrivée en première elle se fera élire chef de classe ! Belle revanche pour celle qui avait jusqu'ici essuyé tous les quolibets de la cour de récréation.

Par la suite, elle entamera des études littéraires tout en faisant ses débuts de comédienne sur les planches d'un théâtre parisien. Mais son excès de poids l'invalidait de plus en plus dans ses déplacements ; Claire choisira alors de se lancer dans une carrière d'animatrice radio, régalant par ses émissions de nuit les auditeurs de la bande FM. Après avoir accepté d'apparaître dans quelques publicités, Claire vient d'être sollicitée par une maison de haute couture pour présenter la ligne « femmes fortes ». Rien ne semble l'arrêter, au grand bonheur de ses parents et au grand dam de ses détracteurs. La cerise sur le gâteau, ce sont les opérations de chirurgie réparatrice et esthétique qu'elle s'est autorisée à faire cette année, et, essentiel pour la suite de son parcours, un ami de cœur qui ne l'a jamais quittée, avec ou sans chirurgie esthétique !

Variabilité selon les sexes

Claire est une résiliente, elle a réussi à dominer son handicap, et son parcours permet d'introduire de nouvelles questions. Les hommes et les femmes, les garçons et les filles, sont-ils à égalité devant les facteurs de risque et devant le choix d'entrer en résilience ? Qu'en disent nos chercheurs ?

Différentes études corroborent le fait que les facteurs de risque diffèrent en fonction du sexe, à des moments précis de la vie de chacun d'entre nous.

Pour étayer ce propos, la célèbre recherche d'Emmy Werner sur les enfants de l'île proche de Hawaii nous apprend que « les garçons qui semblaient être à haut risque, victimes par exemple de stress périnatal ou d'anomalies congénitales, étaient plus vulnérables que les filles présentant les mêmes prédispositions, avant l'âge de dix ans ».

Les garçons seraient donc, avant dix ans, plus vulnérables aussi bien physiquement qu'émotionnellement. Un petit garçon appartenant, par exemple, à une famille pauvre au sein de laquelle règne la discorde sera plus affecté qu'une fille du même âge. Il sera perturbé tant dans ses émotions qu'au niveau de ses comportements, qui peuvent devenir complètement inadaptés.

En revanche, après dix ans, on observe une inversion de la vulnérabilité des garçons vers celle des filles, qui manifestent alors plus de pathologies psychiatriques. Ce constat a été entériné par des recherches récentes. Les changements corporels et psychologiques des filles, dès l'âge de dix-douze ans, les conduisent à vivre dans l'ambivalence. Comment accepter de changer sans perdre ce qu'on aime ? Le mythe de la perfection les obsède, bien entretenu par la presse féminine, et peut entraîner des situations d'échec souvent révélatrices d'une mauvaise estime de soi. Les autres, malheureusement, se chargeront, par leurs moqueries – c'était le cas pour Claire –, de leur renvoyer une image très négative d'elles-mêmes. Pour coller à certains stéréotypes, elles adopteront alors des conduites dangereuses. Une adolescente qui se retrouve enceinte sans avoir anticipé cette grossesse sera davantage la proie d'hommes instables et de situations à haut risque. Il suffit d'un manque d'organisation et de cohésion et c'est l'escalade : une conduite à risque peut en déclencher une autre de plus grande ampleur. Et ainsi de suite !

La loi des cumuls de risques

Il est évident qu'un individu qui cumule un certain nombre de problèmes graves est en danger de dysfonctionnement. Pourquoi ? Parce que la loi des cumuls « risques + situations contraires » aura généralement pour effet de diminuer nettement les capacités d'engagement et d'augmenter les troubles du comportement des enfants/adolescents/adultes. Ils peuvent alors tomber dans cette spirale d'échecs que l'on connaît bien et dont il est si difficile de sortir. C'est ce qui se passe aujourd'hui en France pour beaucoup de jeunes adolescents et d'adultes : la progression du chômage provoque l'augmentation du nombre de situations dites de précarité. La chute se fait très rapidement et suit un scénario qui est presque toujours le même : chômage, diminution de la confiance en soi, divorce, perte du domicile, alcool, maladie, etc. Comment, dans ce cas, ne pas avoir une personnalité déstructurée, que vous ayez dix-huit, trente ou cinquante ans ? Ajoutez à cela un teint un peu basané ou une patte folle... Bonjour la loi des cumuls de risques !

En résumé, la multiplication, chez un enfant en particulier, des facteurs de risque augmente grandement l'apparition de troubles ultérieurs, comme l'a démontré Michael Rutter il y a trente ans. Heureusement, les facteurs de risque cohabitent avec des facteurs de protection qui nous autorisent à espérer une sortie de cette spirale de l'échec.

Les facteurs de protection

Depuis que l'on parle de concept de résilience, de la capacité qu'ont certains individus à surmonter, à dépasser des épreuves parfois violentes, de nombreuses recherches ont cherché à définir les facteurs de protection.

Ne prenons pas comme exemple pour l'instant une situation grave, mais un événement tout bête, anodin : la météo annonce un temps polaire. Qu'allez-vous faire ? Vous pouvez, c'est une option, vous recroqueviller dans votre terrier ou au contraire décider d'empiler des vêtements pour vous protéger du très grand froid. Ils vont vous permettre de sortir, d'éviter d'attraper un rhume ou la grippe et de ne pas avoir les pieds trop gelés, donc de marcher et de vous rendre à un rendez-vous important. Ce n'est déjà pas mal ! Or, pour lutter contre les éléments atmosphériques qui vous sont contraires, vous avez fait fonctionner en un quart de seconde votre intelligence et votre bon sens, votre humour (vous avez l'air d'un pingouin mais il se trouve que vous aimez beaucoup ces petites bêtes-là), vos amis, parce que « la chapka que vous a prêtée François, c'est quand même génial » et peut-être bien la famille « parce que avec ce froid glacial vous avez eu raison de demander à votre frère de passer vous prendre en voiture pour vous avancer sur le trajet ». Tous ces arrangements vont vous rendre la vie plus agréable et influer sensiblement sur une journée qui aurait pu être légèrement compromise. Vous avez su, en un rien de temps, et en restant positif, faire tout ce qu'il fallait pour vous protéger et honorer coûte que coûte ce rendez-vous qui a été capital pour vous !

Que ce soit pour de petits ou de grands événements, la capacité à se prémunir contre l'adversité va dépendre de la personnalité de l'individu, de son environnement et de sa famille, au sens strict ou large du mot.

Définition des facteurs de protection

La « protection » se définit dans le *Petit Robert* de la façon suivante : « L'action, le fait de protéger, de défendre quelqu'un ou quelque chose (contre un agresseur, un danger, etc). » Et, puisque nous en sommes aux définitions, rappelons qu'en langage professionnel les facteurs sont des variables hypothétiques utilisées pour établir différents liens. Les facteurs de protection, dans le domaine de la psychologie, éclairent les aspects de défense d'un individu face à une situation dite « adverse ».

Différentes classifications

J'ai choisi de sélectionner les résultats d'études répertoriant les facteurs de protection en fonction de la mise en place d'un processus de résilience, puisque tel est notre propos. En opposition aux recherches sur les facteurs de risque démontrant des dysfonctionnements psychologiques trop facilement prédictibles en situation à haut risque, d'autres recherches se sont concentrées sur les qualités des enfants qui, dans un environnement favorable, vont se déployer de manière harmonieuse. Voici les facteurs de protection, tels qu'ils ont été énumérés et publiés dans une revue professionnelle américaine, *American Psychologist*, en 1998, sous l'intitulé : « Le développement de la compétence selon les situations favorables ou défavorables : conclusions d'un travail de recherche sur des enfants épanouis ».

L'étude, menée par Ann S. Masten et John D. Coastworth[1], liste trois catégories de facteurs de protection. En voici un résumé concernant tous les âges du développement.

1. La référence exacte se trouve dans la bibliographie en fin d'ouvrage.

a) ***L'individu et ses ressources internes***
– Bon fonctionnement intellectuel (QI élevé, capacité à planifier, stratégies de *coping*, résolution de problème) ;
– haute estime de soi (amour de soi, vision positive, confiance en soi) ;
– Compétences relationnelles (empathie) ;
– Tempérament facile associé à un sentiment de sécurité dans l'attachement ;
– Système de croyance (foi, éthique) ;
– Utilisation adéquate de mécanismes de défense (déni, clivage, sublimation, intellectualisation, humour...).
b) ***Facteurs de protection familiaux***
– Bonne éducation ;
– relations chaleureuses avec des parents structurants, soutenants et compétents ;
– bonne entente parentale ;
– relations de soutien émanant d'autres membres de la famille élargie ;
– Relations proches avec des tuteurs de développement.
c) ***Facteurs de protection extrafamiliaux*** *(société et culture)*
– Bonnes relations avec des adultes à l'extérieur de la famille (amis, pairs, thérapeute, enseignants, voisins) ;
– rapports avec des organisations sociales (association, communauté) ;
– fréquentation d'une école dans laquelle l'enseignement donné est ouvert et chaleureux, avec succès scolaires.

À propos des « facteurs de protection extrafamiliaux », je vais revenir un instant sur mon expérience personnelle qui, sur ce point précis, est sûrement loin d'être unique : j'ai toujours pensé, concernant l'accident de voiture dont j'ai été victime à l'âge de six ans, que l'école avait joué un rôle essentiel dans ma capacité à entrer en résilience. Mon handicap physique – suite au coma et à l'opération – me conférait un statut particulier : j'étais fragile, je n'avais pas le droit de me battre, par exemple. J'avais, et c'est toujours difficile à vivre pour un enfant, une épée de Damoclès au-dessus de la tête et j'aurais pu devenir la cible de mes petits copains. Vous connaissez les « t'es pas cap… ». Effectivement, il y avait plein de choses que je n'étais pas capable de faire, alors je me suis mis en scène, je suis devenu un enfant histrionique qui, inconsciemment, avait dû avoir si peur de mourir qu'il avait un besoin absolu de se mettre dans la lumière. C'était ma « stratégie d'adaptation » à la situation. Mais il est clair que j'ai été autorisé à être différent, souvent sollicité par mes instituteurs pour représenter la classe. Je me souviens, en particulier, d'un jour où nous avions reçu à l'école la visite d'une délégation de jeunes Chinois, c'était en 1970, et où l'on m'avait demandé de faire le cicérone ! Je n'étais pas peu fier…

Il m'a fallu encore des années pour accepter vraiment ma fragilité, mon côté « équilibriste », mais sans filet. C'est une autre histoire à transmettre quand le temps sera venu.

L'énumération des facteurs de protection ne vient compléter efficacement celle des facteurs de risque que si l'on accepte de considérer que la résilience est un mécanisme. Face à l'obstacle, l'individu évalue la situation pour mettre en œuvre une stratégie d'adaptation, combinant facteurs de risque et de protection, à un moment précis. La capacité d'évaluation consciente et inconsciente dépend de paramètres acquis dès les premiers instants de vie.

De nombreux chercheurs ont apporté des compléments à la liste de nos deux Américains Ann S. Masten et John D. Coastworth. Citons Norman Garmezy, pour qui les facteurs de protection individuels devraient inclure l'âge de la personne et sa capacité de séduction, son charisme.

Plus généralement, selon Michael Rutter, les bonnes protections sont essentiellement :

• celles qui diminuent l'impact du risque ;

• celles qui réduisent la probabilité de réactions négatives en chaîne ;

• celles qui renforcent l'estime de soi et le sentiment de sa propre compétence ;

• celles qui entraînent des opportunités positives[1].

Observations sur les facteurs de protection

La modification d'un facteur, qu'il soit protecteur ou à risque, est une notion à ne jamais négliger. Un mouvement de bascule est toujours possible, ce qui veut dire que l'élément de protection peut, à un moment donné, devenir un facteur de risque et réciproquement.

Une trop haute estime de soi (ou un tempérament excessivement histrionique !) sera parfois un handicap pour nouer et conserver des relations harmonieuses. À l'opposé des préjugés que nous pouvons avoir, il y a des circonstances où une séparation parentale se révélera protectrice à l'égard des enfants (contextes pathogènes).

Plus les facteurs de risque et de protection sont nombreux, plus ils augmentent les chances de réussir sa résilience. Les mécanismes protecteurs multiples et additionnés, comme un QI élevé et/ou un bon QE, une classe sociale aisée ou des parents de qualité vont donner de la force, galvaniser l'enfant ou l'adolescent en situation de risque.

Dans la mise en place du processus de résilience, c'est comme dans une partie de tennis à quatre : les

1. Extrait de sa recherche, « Some conceptual considerations », *in Journal of Adolescent Health*, vol. 14, 1993, p. 626-631.

facteurs de protection et de risque se renvoient la balle, se croisent, s'additionnent, en un mot « interagissent ». Leur variabilité en fonction de l'histoire de chaque individu incite donc à la vigilance : on peut dire : « Ce sujet commence à aller mieux », mais on n'est jamais certain de la solidité d'un début de résilience qui s'apparente à un état de convalescence. Voilà pourquoi il importe de stimuler régulièrement les facteurs de protection afin de les rendre le plus efficaces possible.

Arrêtons-nous sur quelques facteurs de protection fondamentaux.

La capacité d'élaboration mentale et l'hyperactivité

Quand clignote le panneau « Attention, danger ! », la capacité d'élaboration mentale et l'hyperactivité peuvent jouer un rôle de protection et d'adaptation très important.

La capacité d'élaboration mentale

Ce mécanisme de protection offre à l'enfant malmené la possibilité de transformer par la pensée (l'imaginaire) des tensions pulsionnelles ingérables. La façon de vivre et de ressentir les circonstances sera modifiée pour être mise en mots. Sous forme de représentations appelées aussi symbolisations, l'enfant communiquera sa souffrance psychique. La mentalisation, ou capacité d'élaboration mentale, donne la possibilité, de dire ce qui est ressenti. Bon nombre de chercheurs avancent l'idée que ce mécanisme soutiendrait celui de la résilience. Il est vrai que les meilleures histoires à vivre sont celles qu'on s'invente ! Taper sur un « sac de frappe » en s'imaginant qu'on est en train de mettre au tapis ce « salopard » de prof fait du bien aussi ! C'est une autre façon de transposer sa souffrance et de l'exprimer qui, je dois dire, ne me déplaît pas du tout.

Appelons le « Boucle d'or ». C'est encore un gamin quand il vient me voir pour des difficultés d'endormissement. Il est très beau, un visage angélique encadré de boucles blondes, avec de grand yeux bleus. Pourquoi cet enfant a-t-il tant de mal à trouver le sommeil ? La réponse est pour le moins étonnante : parce que son esprit est totalement envahi de culture japonaise !

Écoutez l'histoire de Boucle d'or et des mangas. À huit ans, le petit garçon et sa petite sœur sont placés dans une famille d'accueil parce qu'ils sont maltraités par leurs parents. Leur mère est gravement dépressive, violente vis-à-vis d'elle-même et de ses enfants. Le père n'est guère plus brillant : il est extrêmement brutal, en particulier avec son fils. Le droit de garde va leur être retiré, et c'est ainsi que les deux enfants arrivent dans leur famille d'accueil. Boucle d'or va pouvoir, avec sa petite sœur, avoir une enfance plus apaisée, mais elle est toujours peuplée de sentiments d'angoisse et d'abandon. Même s'il trouve beaucoup d'amour et de chaleur dans ce nouveau foyer, il reste hanté par les multiples sévices corporels que lui ont infligés ses parents biologiques. Il parle peu, a des copains mais pas d'amis. On sent pourtant chez lui de grandes possibilités, qui vont effectivement se révéler. Pendant sa scolarité, il va se découvrir une véritable passion pour le dessin et surtout pour l'invention d'histoires extraordinaires qu'il met en scène sous forme de bandes dessinées. Il dessine ce qu'il vit, ce qu'il ressent. Il se construit un monde à lui (la capacité d'élaboration mentale !). À seize ans, il remporte le concours d'un magazine de mangas. Premier prix : un voyage au Japon. Quand il rentre du Japon, il se remet au travail avec détermination pour parfaire sa technique de dessin. Il partage sa passion avec sa sœur dont il est resté très proche et lui raconte des histoires incroyables qui viennent d'un « ailleurs », d'une autre culture. Deux ans plus tard, il dessine le premier album de manga européen ! Depuis, Boucle d'or réalise des jeux vidéo pour un constructeur japonais. Il se déplace beaucoup, n'a pas fondé de famille mais garde toujours d'excellentes relations avec sa sœur qui anime des émissions pour enfants sur une chaîne du câble. Ses parents d'adoption restent très présents dans sa vie, et sa résilience, bâtie autour d'un projet de vie infaillible, lui a permis non seulement de s'en sortir, mais de trouver sa force.

L'activité à outrance

L'activité à outrance est un comportement protecteur pour l'être qui vit dans un contexte traumatisant. Elle le poussera, par des stratégies d'adaptabilité permanentes, à solliciter son entourage pour diminuer la réalité envahissante. Par son dynamisme excessif, un enfant, par exemple, semblera, comme on dit, vouloir se « rendre intéressant », mais en réalité il cherche à attirer l'attention sur ce qui ne peut pas être dit. Décoder ce message dérangeant pour mieux venir en aide à l'enfant sera la tâche à remplir par ceux qui se retrouvent impliqués dans cet incessant ballet !

J'ai rencontré Kurt lorsqu'il était adolescent. Je l'appelle ainsi à cause de son étrange ressemblance avec Kurt Cobain, le chanteur de Nirvana. Brun, un charme troublant, le look grunge… et une infirmité depuis la naissance, un pied bot. Kurt est fils unique. C'est le type même de l'enfant hyperactif, qui « ne tient pas en place ». Il grandit sans se soucier réellement de son handicap au sein d'une famille unie et aimante.

Dès l'école primaire, il sait tirer parti de ses capacités relationnelles. Il « traîne la patte », n'a jamais été appareillé, mais son humour et son charisme remplacent tout, personne ne lui résiste. Il est fasciné par les sports dangereux et commence par faire du skateboard. À dix ans, après quelques années d'entraînement acharné, il s'engage dans la compétition. Puis, du skate, il passe au roller, fait des figures « d'enfer », trouve un sponsor, se retrouve starisé dans plusieurs publicités ! Ses parents, le voyant paradoxalement doué pour l'équilibre, le poussent à se réaliser dans ces sports. Mais le jeune homme intrépide n'a pas l'intention de s'arrêter là, il veut s'essayer au motocross. Le risque est encore plus grand, mais comment lui refuser un tel plaisir ? Et il se révèle également très bon en trial. Cinq ans plus tard, sa carrière, qui était déjà remplie de trophées, tourne court. Kurt doit raccrocher à la suite d'un grave accident de moto qui va toucher sa jambe handicapée.

Après l'accident, quelque chose qui n'était pas programmé non plus s'est glissé insidieusement dans sa vie… les relations avec les filles sont devenues délicates. Une adolescente de treize ou quatorze ans ose s'afficher avec un garçon qui a un handicap physique, ça n'a pas beaucoup d'importance pour elle – c'est un flirt ! –, mais, quand il s'agit d'une jeune fille de dix-sept ou dix-huit ans, c'est plus difficile. Kurt s'est retrouvé brutalement face à l'angoisse d'être peut-être seul plus tard et, pour recouvrir ce désarroi, face à la drogue. C'est à ce moment-là que nous nous sommes rencontrés.

Soutenu par sa famille et ses amis, il entamera sa dernière mutation, la plus calme en date, apprendre à jouer de la batterie.

Aujourd'hui, la musique a pris toute la place dans sa vie, c'est sa passion. Il a rejoint un groupe très rock'n roll. Et sa petite amie, Sophie, la chanteuse du groupe, lui a permis de retrouver un équilibre.

Kurt dit toujours avec ironie, quand on l'interroge sur sa capacité à rebondir, « Moi, c'est bon pied, bon œil ».

S'accepter a été un autre défi dont il a fallu aussi payer le prix. Au regard de ses débuts dans la vie extrêmement délicats, Kurt a toujours puisé sa force dans un mental d'acier et un dynamisme à toute épreuve reposant sur une haute estime de soi : son moyen de vivre comme les autres, avec les autres.

Les mécanismes de défense

Le troisième élément à prendre en considération dans le phénomène de résilience et la mise en place du travail psychique qui l'accompagne, outre les facteurs de risque et les facteurs de protection, c'est le ou les mécanisme(s) de défense. Chaque personne en situation à haut risque a un fonctionnement mental qui lui est propre. Les stratégies d'adaptation élaborées, plus ou moins efficacement, serviront en partie, par des mécanismes de défense, à protéger la personne dans sa façon de réagir.

Le fonctionnement des mécanismes de défense

Face à un événement ou à une accumulation d'événements déstabilisants, l'appareil psychique parvient à la longue ou rapidement à se trouver dépassé par l'ampleur de la tension ressentie. Normalement, face à une accumulation de stimuli, des processus psychiques inconscients appelés « mécanismes de défense » sont mis en place pour maintenir ou restaurer l'intégrité de la personne. Lorsque cela n'est plus possible, la surcharge d'excitation sera gérée par un autre système d'évacuation des tensions, celui de la sphère comportementale (fugues, fuite...). Enfin, si ces deux mécanismes de défense et comportementaux sont saturés, un dernier mécanisme dit « psychosomatique » interviendra, en mettant en action le corps de la personne, le laissant « parler » sous la forme de maladies (tics, douleurs abdominales, plaintes corporelles...). Le corps dit tout haut ce que la conscience tait...

Je n'ai pas jusqu'ici, ou très peu, précisé, dans les termes que j'utilise, le rôle de la psychanalyse dans l'histoire de la résilience. Mais sa contribution est évidemment immense et implicite dans les travaux de tous les chercheurs. Mieux, je dirai que les recherches de Sigmund Freud, par exemple, ont été tellement assimilées, « digérées » par tous les professionnels que nous n'en parlons plus. Mais, qu'elles soient suivies ou contestées, nous les avons présentes à l'esprit. C'est notamment le cas de ce que Freud nous a appris des mécanismes de défense névrotiques.

Les mécanismes de défense sont inconscients et déclenchés par l'angoisse née d'une situation de conflit. Ils se manifestent normalement au cours du développement psychique de chacun. Globalement, les névroses se révèlent lorsqu'il y a eu échec dans l'installation ou l'action des mécanismes de défense intrapsychiques.

Citons, parmi les principaux mécanismes de défense, au sens freudien du terme, le refoulement, le déplacement, la sublimation, la projection, l'identification, le clivage, l'introjection, la conversion, la régression, l'isolement, l'intellectualisation, la rationalisation, l'annulation rétroactive.

En ce qui concerne la résilience et son fonctionnement, il apparaît aujourd'hui que certains de ces mécanismes interviennent directement et positivement dans l'élaboration lente d'un processus résilient. À partir des mécanismes de défense issus des théories psychanalytiques, voici ceux qui interviennent surtout dans la résilience : l'intellectualisation, le déni, la sublimation, le clivage, l'humour, la multiplication des activités, l'imaginaire.

Les six mécanismes de défense sollicités face à des situations adverses

• *L'intellectualisation* permet de mettre à distance une situation conflictuelle en l'isolant de façon à supprimer toutes les charges émotionnelles liées au contexte. Alors, on retrouve un contrôle sur les événements sans contenu affectif.

• *Le déni* : c'est le refus de reconnaître une situation traumatisante dans la réalité. La négation constitue une stratégie d'adaptation vide d'affects qui tient la situation à distance du champ de la conscience : ce sont les conduites de fugue, de fuite, d'évitement.

• *La sublimation* : ce mécanisme de défense agit par déplacement. Un nouveau but socialement valorisé sera adopté dont la satisfaction vient se substituer à une situation pulsionnelle insoluble. On observe souvent la sublimation dans la création artistique.

• *Le clivage* : mécanisme de division en deux attitudes face à une même situation adverse. L'une va la nier alors que l'autre la gérera. Les deux attitudes vont coexister sans jamais s'influencer, face à une situation traumatisante.

• *L'humour* participe à la diminution des tensions internes ressenties face à un danger. Par un procédé comparable à l'alchimie, l'humour transforme des pulsions d'agressivité dans un contexte dramatique en stimulant l'imaginaire. Ainsi, il devient possible de supporter l'insupportable (*La vie est belle*, de Roberto Benigni).

• *L'hypersollicitation de l'imaginaire* : cette stratégie d'envol sert à fuir une situation trop envahissante en la rendant plus acceptable. La réalité est perçue mais infiltrée par l'imaginaire dans lequel rêves et fantasmes renforceront l'adaptabilité de l'enfant face à une situation traumatisante.

Afin d'illustrer ces propos, prenons l'exemple de la fuite pour comprendre ce qu'est le déni. Elle demeure très fréquente lors d'agressions sexuelles. La fuite se matérialisera soit par le rejet de ce qui s'est produit – la personne occulte sa souffrance, met un couvercle dessus – ou bien indirectement par un repli dans un univers intérieur imaginaire. On parlera alors de stratégies d'envol comme celles de Peter Pan.

Peter Pan ou l'enfant triste

de Kathleen Kelley-Lainé

Cet ouvrage parle d'un personnage apparemment gai et innocent, Peter Pan. En réalité, ce que Kathleen Kelley-Lainé nous démontre, c'est que Peter Pan est un enfant triste qui refuse de grandir parce qu'il manque d'amour maternel.
« Les bébés qui n'ont pas su acquérir de poids dans les bras de leur mère ou pour qui la sensation d'être a été interrompue par un événement tragique courent le risque de devenir des enfants tristes, qui voltigeront dans le temps à la recherche d'un morceau perdu de leur enfance. [...] Pourtant l'envol ressemble souvent à une grande aventure, alors que la recherche sans fin de l'enfance perdue est une véritable tragédie. [...] Il [Peter Pan] devient un véritable pirate en quête du trésor de l'autre. [...] Afin de ne pas trop souffrir, l'enfant triste est obligé de "tuer" les souvenirs chargés d'une grande émotion. »
L'histoire de Peter Pan se rapproche de celle de son créateur, James Matthew Barry, qui s'inventa dès l'âge de six ans un monde idéal dans lequel il resterait un enfant « pour toujours ». L'événement qui a déclenché cette fuite dans l'imaginaire

a été la mort de son frère aîné, David, suivi du rejet de James Matthew par sa mère dépressive. Puisque David, mort si jeune, restait à jamais *l'enfant* pour sa mère inconsolable, James se mit à écrire sur le thème de l'enfant animé d'un désir dévorant pour endosser les émotions des autres comme si elles étaient autant de vêtements ».

Pour tenter d'approcher la résilience de James Matthew Barry, revenons au texte de *Peter Pan ou l'enfant triste* : « Peut-on mesurer l'énergie colossale mobilisée par ce petit garçon pour prendre la place de l'enfant mort, faire rire sa mère et réparer sa blessure au risque d'y perdre son identité ? » Voilà l'épreuve qu'a surmontée le créateur de Peter Pan. Son imagination lui a permis, à travers l'écriture, de pleurer sur sa propre enfance malheureuse. Il s'est appuyé sur sa tragédie familiale pour la dépasser.

Sa fuite dans l'imaginaire s'est effectuée, au fil des années, par la transformation d'un traumatisme en une grande aventure héroïque, celle de Peter Pan au pays du Jamais-Jamais...

« Un enfant triste, quand il commence à grandir, est souvent très responsable, soucieux du bien-être de ses parents, de celui de ses frères et sœurs. [...] Surtout, s'il voit quelqu'un découragé, déprimé, sans ressources, l'enfant triste va courir à son aide, tenter de lui remonter le moral ; l'enfant triste devient assistante sociale, l'enfant triste devient médecin, l'enfant triste devient psychanalyste... »

On a tous un peu de cet enfant triste en nous qu'il faut savoir consoler de temps en temps.

Le refus d'intégrer l'événement traumatique se remarque surtout quand il s'agit de lutter contre la culpabilité ou encore contre la peur des suites possibles du drame qui s'est déroulé. Une trop forte tension familiale, par exemple, peut provoquer la négation de l'événement chez un enfant qui déformera ce qui risquerait de le blesser pour se protéger.

Concernant le déni, il faut préciser que ce mécanisme de défense pose le problème du refoulement, avec des conséquences souvent complexes pour l'équilibre psychologique de l'enfant malmené et plus tard de l'adulte qui porte encore en lui ce petit être blessé. Il m'apparaît donc prudent, en tant que thérapeute spécialisé dans les traumatismes psychologiques, de ne pas systématiquement ou trop rapidement agir sur cet acte de refoulement. Le fragile équilibre de l'enfant en souffrance doit être évalué pour prévenir la « victimisation institutionnelle »[1] à tout prix.

La fuite prendra aussi la forme plus tragique de la fugue face à l'insupportable. L'enfant, l'adolescent a besoin de s'échapper et d'alerter l'entourage. Une fugue résonne comme un signal d'alarme, une envolée physique du milieu destructeur ; elle demandera aux proches un investissement important : il leur faudra trouver des réponses capables de préserver un espoir d'évolution positive.

Permettez-moi d'évoquer l'histoire de Jan. Vous vous souvenez certainement que la chute de Ceaucescu et du totalitarisme en Roumanie avait plongé les enfants des orphelinats d'État dans une situation dramatique. Avec ses dizaines de fugues, qui témoignent de la totale inadaptation de ces structures créées de toutes pièces par un despote, le parcours de Jan est très représentatif de celui de ces enfants « offerts » à l'État. Élevé dans des conditions extrêmement rudes, il s'est retrouvé à la rue après la révolution. Les orphelinats ont été vidés et des milliers d'enfants ont été condamnés à errer dans Bucarest. Je l'ai rencontré au cours d'une mission humanitaire en Roumanie, il avait à l'époque douze ou treize ans.

1. Voir aussi la Première clé, « Qu'est-ce que la résilience ».

Il faisait partie d'une bande d'enfants qui vivaient dans les souterrains de la gare du Nord de la capitale roumaine. Grâce à un traducteur, il a pu me raconter son histoire, me dire combien il préférait vivre dans la rue plutôt que d'intégrer « un centre d'accueil d'où j'aurais fugué de toute façon ».

Déjà à neuf ans, son quotidien, c'est la mendicité, le vol et la colle à sniffer (la drogue). Une vie au jour le jour, ponctuée par les arrestations de la police, de courtes durées mais souvent très brutales. L'hiver 1991 est terrible et les feux de Bengale improvisés devant la gare ne suffisent pas à réchauffer ces enfants oubliés et ignorés de tous. Dans ce contexte de violence physique et psychique, Jan, plus débrouillard que les autres gamins, ne cesse de trouver des subterfuges, des astuces pour soulager leur détresse et récolter quelques pièces de monnaie (lei). Son truc, c'est de faire le pitre, d'amuser la galerie. Et ça marche pour lui parce qu'il est drôle et très expressif, mon petit fugueur !

En 1992, une équipe de télévision réalise un reportage sur les enfants de la gare de Bucarest. L'émission a un tel impact qu'elle donne l'idée à une équipe de soignants de Paris d'élaborer un programme pour soutenir ces gosses. C'est ainsi que Jan rencontrera Pierre et Sylvie, un couple de jeunes psychologues, et se prendra d'affection pour eux, qui enclencheront très vite une procédure d'adoption.

Après l'heureux dénouement qui a clos moult démarches et complications administratives, Jan est arrivé en France. Il a essayé de récupérer son retard scolaire en intégrant une classe de sixième à douze ans et demi. Pendant les premières semaines qui ont suivi son arrivée en France, Pierre et Sylvie le surprenaient de temps en temps, en pleine nuit, en train de vider les placards de la cuisine pour stocker de la nourriture dans sa chambre ! Jusqu'au moment où il a pu se débarrasser de ce symptôme d'angoisse et s'est mis à manifester une joie de vivre peu commune. Bien intégré, Jan s'est développé normalement, avec des soutiens affectifs qui lui ont permis de surmonter, progressivement, ses blessures d'enfance.

Il ne semble pas, pour l'instant, manifester de troubles psychiques, bien qu'il évoque parfois son passé avec tristesse. Jan a aujourd'hui vingt-deux ans et rencontre, depuis un an, une psychologue pour parler de la difficulté du déracinement et de sa culpabilité de survivant.

Ce jeune homme, toujours en résilience, aura traversé des périodes de stress immenses. Il a été contraint de s'adapter en permanence, d'être « malin comme un singe » pour assurer sa survie et celle de ses camarades.

Certains êtres, à notre grand étonnement, semblent tirer profit d'expériences incompatibles avec la notion de bien-être. Ils peuvent être victimes de stress importants et de traumatismes d'une rare violence et parvenir à trouver un équilibre en faisant fi d'un environnement hostile et agressif. Alors, nous pouvons nous interroger : y a-t-il des liens entre le stress, les traumatismes et la résilience ?

Quatrième clé

Stress et résilience

Le stress fait partie des mots victimes de leur succès, comme la névrose, l'hystérie ou le surréalisme dans un autre registre. Combien de fois entendons-nous, utilisées à mauvais escient, des phrases comme « il est névrosé », « elle est hystérique », « c'était surréaliste, cette soirée » (pour bizarre), « ma voiture est en panne, ça me stresse ! »... Le stress est communément utilisé pour parler d'une sensation plutôt négative d'énervement, de nervosité. Stressant et « gonflant » font partie du jargon de la jeune génération et veulent dire pour elle la même chose : « Il me stresse, ce prof, il est gonflant », sous-entendu : « il me fatigue, il est trop exigeant » ou « il ne m'intéresse pas ». En réalité, pour les professionnels de la santé, le stress, un mot d'origine anglaise, répond à des critères extrêmement précis. Si nous regardons la définition donnée par le *Petit Robert*, le stress est une « réponse de l'organisme aux facteurs d'agression physiologique et psychologique, ainsi qu'aux émotions (agréables ou désagréables) qui nécessitent une adaptation (élément de la théorie du syndrome d'adaptation) ». Selon Hans Selye, l'inventeur du concept, le stress est la « réponse non spécifique que donne le corps à toute demande qui lui est faite ».

À la lumière de ces définitions, force est de constater que nous vivons tous en état permanent de stress (d'où, sans doute, la vulgarisation du mot) ; mais il y a le bon et le mauvais stress. Lorsqu'il est bon, le stress devient une stimulation nécessaire à notre rythme biologique ; sa privation, en revanche, c'est-à-dire l'absence de stimuli, produit progressivement l'arrêt de notre horloge interne, donc la mort.

Il y a des circonstances dans lesquelles le stress peut se révéler à la fois bon et mauvais ; et d'autres où son effet ne sera que négatif. Lorsqu'il se manifeste, par exemple, de façon excessive, que ce soit dans la durée, l'intensité ou la chronicité, le stress provoque un état d'inertie et d'incapacité à gérer des situations agressantes ou stimulantes. Dans ce cas, aucune stratégie d'adaptation ne sera efficace ; la personne soumise à une telle tension va émettre des signes multiples, déclencher des manifestations d'ordre psychosomatique, par exemple, qui l'amèneront, faute d'énergie, vers un épuisement progressif.

Il est important de retenir que le stress est avant tout un marqueur de vie. Et ce n'est pas une idée neuve : dès l'Antiquité, le philosophe grec Héraclite énonçait l'idée que la condition naturelle de toute chose, de toute personne, n'est pas la stabilité, mais bien au contraire le changement. Vous entendez sûrement de temps en temps « moi, j'ai besoin que ça bouge » ou « il ne peut pas se poser, il a toujours besoin de faire quelque chose… ». Croyez-en Héraclite, le mouvement, c'est sain !

Hans Selye fut le premier à définir le stress de façon scientifique comme une réaction biologique de l'organisme à un agent d'agression, appelé « stresseur ». Par la suite, ce chercheur canadien a introduit le concept de réponse non spécifique désignée sous le nom de « syndrome général d'adaptation » : c'est le résultat de l'interaction entre les « stresseurs » et l'organisme. Chaque personne essaie, par différentes stratégies – acclimatation, lutte ou détournement de ces éléments perturbateurs – de rétablir l'état d'équilibre de son organisme, l'« homéostasie ».

Le stress s'envisagerait donc un peu comme le sel de la vie avec ses aspects contradictoires, bénéfiques lorsqu'il est positif, dangereux lorsqu'il est négatif. Tout dépend de la façon dont nous allons nous adapter à une situation délicate. Le docteur Lazarus[1] a établi un schéma simple qui permet de mieux comprendre la réaction au stress.

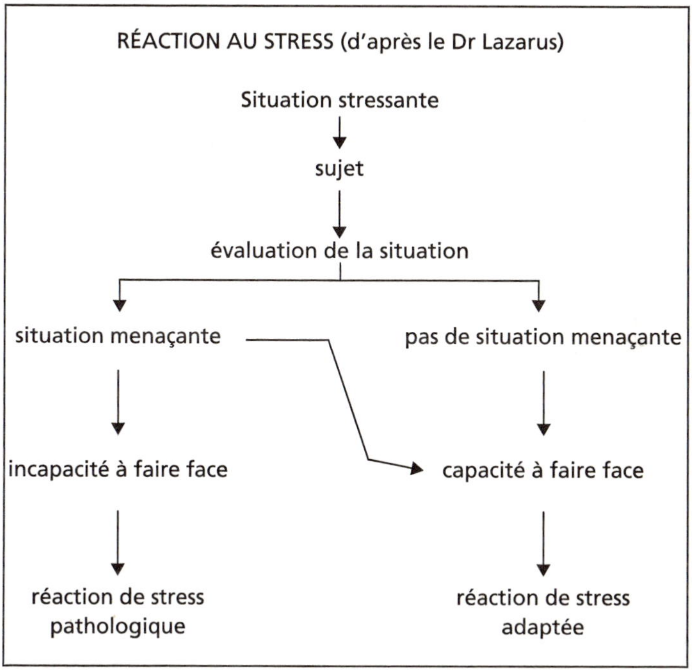

Puisque nous cherchons à définir le stress, il faut également comprendre en quoi il diffère du trauma-

1. Richard S. Lazarus et Susan Folkman, *Stress, Appraisal and Coping*, New York, Springer, 1984. Richard Lazarus a défini le stress comme un équilibre entre les demandes de l'environnement et les ressources de l'individu qui évalue en premier lieu l'enjeu de la situation stressante et choisit ensuite la stratégie adéquate pour y faire face.

tisme. Le langage courant a tendance, là encore, à faire des amalgames, à utiliser l'un pour l'autre. N'avez-vous pas remarqué que nous nous sentons, depuis quelque temps, traumatisés pour un oui pour un non ? Pourtant, médicalement parlant, le stress et le traumatisme appartiennent à deux registres distincts. Le stress concerne le domaine de la « bio-neuro-physiologie » alors que le traumatisme (trauma) s'applique à celui de la « psychologie ».

Le trauma est une expérience ultime qui conduit le sujet aux portes du néant, de la mort, à travers une perception sensorielle réelle. La personne traumatisée se trouve confrontée à une absence totale de représentation connue et de repères[1].

Rien à voir avec les réactions biologiques déclenchées par l'organisme en présence d'un événement stressant. Néanmoins, dans une situation extrême où l'individu ne réussit pas à réagir, il peut ressentir le stress sur un mode traumatique et contracter par la suite une pathologie que l'on nomme « psychotraumatique ». Mais nous reviendrons sur ce sujet.

Stress aigu et stress durable

Le stress est donc une réponse, un phénomène d'adaptation. Il précise à la fois la pression de l'environnement mais aussi la réaction qui va lui être opposée. L'individu doit mobiliser toutes ses ressources afin d'affronter l'oppression qu'il subit, trouver une réaction de défense pour que la « violence » qui lui est faite, ou l'émotion qui l'envahit, ne se transforme à la longue en stress pathologique. Car il existe deux formes de stress :

1. Voir à la fin de ce chapitre mes remarques sur les traumatismes psychiques.

– le **stress aigu** provoqué par un événement brutal, intense, imprévu, et qui demande de trouver une solution rapide. On parlera de situation de stress aigu lors d'un viol, d'un hold-up, d'un attentat et de tout autre fait extrême et inattendu ;

– le **stress durable**, lié à une situation nerveusement épuisante, répétée, intense et chronique : une longue maladie, une prise d'otage, le harcèlement exercé sur un individu au sein de l'entreprise ou d'un couple, la maltraitance, etc. Quand la personne n'aura plus la force de réagir, de trouver une réponse adaptative, on parlera alors de stress durable pathologique.

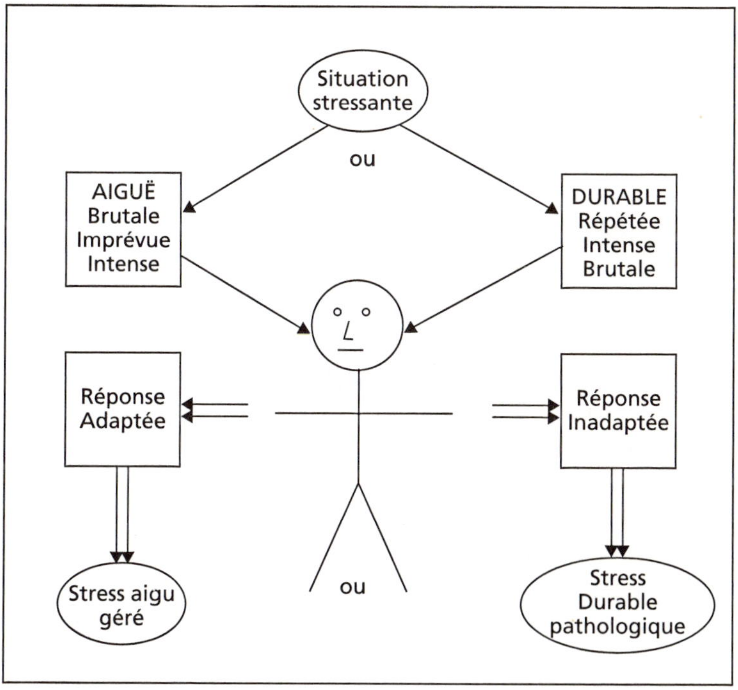

De nombreux spécialistes, dont Stanislaw Tomkiewicz[1], ont avancé l'idée qu'il existait une grande diffé-

1. Voir la Première clé.

rence entre stress aigu et stress durable, quand le phénomène accompagne un traumatisme : il serait « plus facile » de surmonter un stress aigu, violent et bref qu'un stress étalé dans le temps. Et plus commode, donc, de favoriser l'émergence du processus de résilience quand est établi ce diagnostic de stress aigu.

Le syndrome général d'adaptation

En 1950, Hans Selye a étudié le fonctionnement du mécanisme de « syndrome général d'adaptation ». Il a mis en évidence, pour l'état de stress durable, trois temps dans son déroulement.

La **première phase** est appelée **phase d'alarme** : elle ne dure que *quelques minutes* et rassemble l'ensemble des réactions dites « non spécifiques » provoquées par une situation de stress soudaine et imposée à l'organisme. Lors de cette première étape, nous mobilisons nos ressources afin de trouver rapidement la meilleure tactique possible pour combattre l'événement déstabilisant. En cas d'échec arrive la deuxième phase.

La **deuxième phase**, ou **phase de résistance** : elle réunit l'ensemble des réactions de l'individu exposé à une conjoncture stressante *qui dure dans le temps*. Si la situation se prolonge, l'organisme mettra toute son énergie à chercher une réponse adaptative efficace. S'il n'y parvient pas vient la troisième phase…

La troisième phase, dite phase d'épuisement : elle commence au moment où l'organisme cesse de chercher une issue pour sortir de l'impasse dans laquelle il se sent bloqué. Il baisse les bras… Le comportement devient pathologique, maladif et peut conduire à la mort du sujet en cas d'épuisement total.

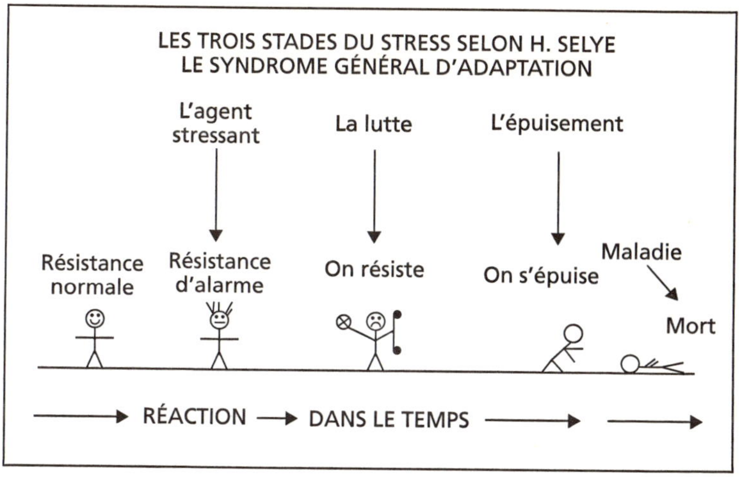

LES TROIS STADES DU STRESS SELON H. SELYE
LE SYNDROME GÉNÉRAL D'ADAPTATION

Les liens entre stress et vulnérabilité

Pour comprendre la vulnérabilité d'un individu confronté à des situations de stress, il faut tenir compte de trois variables qui sont aussi associées à la résistance au stress.

• La première variable concerne les caractéristiques de la personnalité du sujet.

• La deuxième s'applique à la cohésion familiale (accord/discorde). L'environnement familial doit être apte à répondre aux besoins de développement de l'enfant ou de l'adolescent. Les familles à fort potentiel de résilience font face et parviennent à favoriser un état de bien-être chez leur enfant ainsi qu'une bonne insertion scolaire, même si sont survenus ou surviennent des événements traumatisants qui sont généralement sources de dysfonctionnements (des séparations familiales, par exemple).

• La troisième est conditionnée par la disponibilité du soutien extérieur. Ce sont les tuteurs de développement qui vont encourager, stimuler et renforcer les efforts d'adaptation de l'enfant/adolescent. Le tuteur de développement peut appartenir à la famille, à la sphère amicale, être membre d'un groupe religieux ou associatif, enseignant ou thérapeute[1].

Et si nous testions notre vulnérabilité face au stress ?

Les travaux de recherche sur le stress ont ainsi permis d'établir que la vulnérabilité et la résistance de chacun d'entre nous aux événements qui nous font perdre le nord (déboussolants, dit-on) dépendent de notre personnalité, de notre environnement familial et extérieur.

Nous pouvons réussir à affronter brillamment des agressions, des émotions, et dans ce cas vous entendrez dire « elle est vraiment zen, cette nana, elle assure ! » ou « il est béton, ce mec » ; et remarquez bien qu'il y aura toujours quelqu'un à côté pour ajouter « d'accord, mais avec la famille qu'il a, c'est pas difficile... » ou « oui, mais tu sais que c'est la copine d'untel, le P-DG de... ».

Mais nous pouvons aussi nous débattre dans des situations qui nous paraissent inextricables jusqu'à ce que soient totalement désorganisées nos défenses intrapsychiques. Traduction en langage courant : « Il a pété les plombs. – Oui, dira l'autre interlocuteur, mais t'as vu la mère qu'il a, pas étonnant ! » ou « oui, mais tu comprends, depuis qu'il est passé à la télé sa vie est complètement bouleversée... ».

Les expressions du quotidien montrent bien que tout un chacun, par intuition, sait le rôle important que joue cet étrange petit orchestre « personnalité/famille/environnement extérieur ». Elles illustrent aussi parfaitement les contradictions de nos sociétés dont

1. La question des tuteurs de résilience ou de développement est également abordée dans la deuxième partie.

nous, pauvres acteurs, devons bien nous accommoder : il n'y a à la fois pas de place pour la faiblesse et pas énormément de place non plus pour la force et le courage – puisque, en faisant référence à sa famille, à son environnement, on minimise d'une certaine façon les qualités propres à un individu. Pas étonnant de voir les gens courir chez leur psy ou leur ostéopathe pour se faire justement un peu comprendre, « rééquilibrer », et pour réussir à susciter l'empathie qu'ils ne trouvent pas dans leur entourage ; et, rassurez-vous, je ne pense pas qu'il y ait de mal à se faire du bien... ce serait un comble pour un thérapeute ! À ce stade de ma réflexion, je m'autorise à tirer un coup de chapeau à une femme épatante, Claire Bretécher, qui sait avec humour et ironie mettre en bulles notre épique époque !

Et vous, où en êtes-vous, côté stress ? Êtes-vous bien armé ?

Prenez quelques minutes pour tester vos réactions face aux stress de la vie courante !

Ce test va permettre de vous auto-évaluer en notant de 1 à 5 votre niveau de réaction face à certains stresseurs ou situations stressantes. Cette auto-évaluation se compose d'une liste (non exhaustive) de 50 items pouvant être identifiés comme stressants.

Propositions	Réaction de 1 à 5
1. Le niveau sonore en ville	
2. La pollution atmosphérique	
3. Un bain de foule	
4. Un ascenseur	
5. Un voyage en avion	
6. Les transports en commun	
7. Les embouteillages	

8. Les bagarres de rue		
9. Recevoir une insulte		
10. La moquerie au travail		
11. Demander de l'aide		
12. Passer un coup de téléphone		
13. Passer sous un tunnel		
14. Prendre un télésiège		
15. Regarder un film violent		
16. Une personne en colère		
17. Une personne handicapée		
18. Une personne autoritaire		
19. Une personne paraissant déséquilibrée		
20. Une personne moche		
21. Une personne nue du sexe opposé		
22. Une personne nue du même sexe		
23. Une personne morte		
24. Une personne gravement malade		
25. Se retrouver seul(e)		
26. Parler en public		
27. Être observé(e) au travail		
28. Arriver en retard		
29. Prendre un taxi seul(e)		
30. Sortir tard le soir		
31. Demander son chemin à quelqu'un		
32. Les grands espaces (hypermarchés, centres commerciaux...)		
33. Les insectes piquants (guêpes, moustiques...)		
34. Les araignées		
35. Les serpents		
36. Les oiseaux		
37. Les armes à feu		
38. Les armes blanches		
39. L'hôpital		
40. Le médecin		
41. L'infirmière (prise de sang)		
42. Le dentiste		

43. Se sentir mal aimé(e) 44. Être amoureux(se) 45. Sentir des palpitations cardiaques 46. Sentir une boule dans l'estomac 47. Le tonnerre, la foudre 48. Bruit en pleine nuit 49. Se sentir ridicule 50. Être critiqué(e) en public	
Total	

a) **Vous avez obtenu un total inférieur à 60** : bravo, vous gérez plutôt bien le stress et ce dernier n'exerce qu'une faible pression sur vous.

b) **Vous obtenez un total de point entre 60 et 100** : vous vous adaptez plutôt bien aux stress bien que certaines situations stressantes représentent une menace pour vous. Identifiez-les mieux.

c) **Vous obtenez un score situé entre 100 et 175** : À ce niveau, vous luttez face aux stress, mais il suffirait de pas grand-chose pour vous désorganiser. Relevez vos points faibles et travaillez dessus pour les amoindrir.

d) **Votre score se situe au-delà de 175** : vous devez rapidement vous prendre en charge ! Consultez un spécialiste !

Pas de panique, cependant, si votre score dépasse les 175 points ! Ce sont essentiellement nos pensées qui gouvernent nos réactions face aux stress de la vie courante. Or nos pensées sont évolutives et nous pouvons apprendre à faire face aux situations stressantes et rebondir comme d'autres. Vous vous demandez peut-être : « Pourquoi lui s'en sort et pas moi ? » Tout repose sur la façon de percevoir le danger.

Cet aspect de la perception du danger est fondamental si l'on veut appréhender l'idée de « vulnérabilité » du sujet dans sa capacité à évaluer une situation stressante. Faire face, c'est transformer un stress vécu en stress perçu pour lui apporter une réponse rapide et adaptée, et ça s'apprend !

C'est Nicolas lui-même qui m'a raconté son histoire.

Nicolas est un enfant de l'Assistance publique. Abandonné à sa naissance, il a été adopté à l'âge de trois ans par un couple d'instituteurs de Bretagne. Nicolas grandit, s'épanouit normalement et semble doué pour les études. Vers l'âge de seize ans, ses parents adoptifs décident de lui apprendre le mystère de sa naissance. Coup de tonnerre dans le ciel bleu !

Nicolas, très perturbé par cette révélation, commencera à manifester des troubles du comportement. Il multipliera les crises clastiques (bris d'objets) accompagnées de colères explosives. Ses parents adoptifs seront très affectés par ces moments de violence.

Cependant, ses résultats scolaires ne faibliront jamais. Il obtiendra son baccalauréat et entamera des études d'infirmier. Quand, à vingt ans, il décidera, comme beaucoup d'enfants adoptés, d'avoir le maximum d'informations sur sa naissance puis son abandon, il ne trouvera que peu d'indices, mis à part son lieu de naissance, au Havre, et le fait qu'il portait une médaille de la Sainte Vierge autour du cou.

Ces deux détails « anodins » se révélèrent déterminants pour Nicolas. Ils le rendirent libre d'imaginer la vie de ses parents biologiques. Il racontera à qui voulait l'entendre l'histoire suivante : « Ma mère, une jeune et belle femme, travaillait comme employée de maison dans une très riche famille de la haute bourgeoisie du Havre. Un fils unique vivait dans cette maison désertée par le père, patron du chantier naval. Une histoire d'amour est née entre ces deux naufragés et ma mère tomba enceinte du séduisant et intelligent jeune homme. Le père exigea qu'elle quitte la maison et abandonne son enfant à la naissance mais lui promit de l'aider à s'installer. Il lui trouva une place à Paris, dans une institution religieuse. Ma mère resta dans les ordres pour soulager son chagrin de m'avoir abandonné. »

Nicolas a accordé énormément de crédit à son histoire et peu à peu ses colères se sont calmées. À la fin de ses études il choisira d'exercer dans un hôpital de Bretagne où il rencontrera Hélène, deux ans plus tard. Ils vivent à côté de ses parents adoptifs.

Nicolas a réussi à sublimer son histoire intime à travers un récit structurant, qui « tenait debout » à ses yeux, en passant d'un registre « vécu » vide à un registre « perçu » plein. Depuis, Nicolas dit aussi : « Mes parents ne sont pas ceux à qui je ressemble mais ceux qui m'aiment. »

Cette subjectivité du vécu au perçu, autrement dit la capacité à transformer un stress vécu en stress perçu, offre la possibilité à l'individu de dépasser une situation douloureuse et, en l'occurrence, pour Nicolas, de rompre avec un état de stress qui commençait à s'installer durablement. Nicolas est un résilient, il a accordé une sorte de pardon à ses parents biologiques et a trouvé ce que l'on pourrait appeler une « fin d'histoire », une forme de happy end ! L'important est de réussir à clore un chapitre douloureux. Finalement, cette attitude face au stress, où l'imagination occupe une place prépondérante, est un excellent facteur potentiel de résilience. La morale de l'histoire est qu'il faut toujours être très prudent quand on accuse les enfants ou les adultes d'être des menteurs… Il y a de bons mensonges, ceux qui vous réparent et vous protègent… du stress !

Un individu qui manque de résistance, de combativité, lorsqu'il est ou se sent agressé par la vie, est dit vulnérable. Mais la vulnérabilité n'est souvent que temporaire. Et par ailleurs, chez la même personne, elle pourra s'appliquer à certains domaines et pas à d'autres ; on parlera alors de prédispositions s'exprimant lors de situations qualifiées à « haut stress ».

S'ajoutent aux facteurs génétiques les traits de la personnalité qui vont manifestement compter dans la vulnérabilité. Paradoxalement, un enfant/adolescent ballotté, qui a subi des événements difficiles depuis sa petite enfance, déploiera plus de caractéristiques d'adaptabilité pour résister[1].

En 1980, pour représenter la vulnérabilité, le psychiatre E. James Anthony, déjà cité dans l'historique de la résilience, décrivait la métaphore des trois poupées qui était censée démontrer que, d'une personne à l'autre, les réactions vont être différentes.

Vous avez trois poupées, une de verre, une de plastique, une d'acier, qui sont soumises aux mêmes coups de marteau. Qu'allez-vous observer ? La première poupée, celle de verre, se brise. Celle de plastique portera une cicatrice à jamais indélébile. La troisième poupée aura résisté aux coups de marteau.

Cette métaphore est dépassée. Grâce au regard différent que nous apporte la résilience sur les êtres, on peut aujourd'hui, nous l'avons déjà observé, sembler fragile comme du verre et être, dans certaines conditions de soutien, apte à développer une solidité de fer.

Vulnérabilité et état de stress post-traumatique

Vous souvenez-vous du film d'Agnès Varda *L'une chante, l'autre pas* ? C'est presque ainsi que l'on pourrait intituler l'histoire de Grégoire et de Sabine ; à la différence que leur vie est beaucoup plus âpre que celle des deux héroïnes du film.

1. Voir aussi à la Deuxième clé, « Qui sont ces enfants résilients », Michael Rutter et le concept de « vaccination »

Grégoire m'a été adressé par une psychologue qui exerce en hôpital.

Il a une sœur jumelle, Sabine. Après une altercation avec son mari, un homme violent, la mère des deux enfants se tue en se jetant sous une voiture. À l'âge de cinq ans, Grégoire et Sabine seront placés dans une famille d'accueil à la suite d'une décision de justice. La pauvreté du milieu familial d'origine et sa dureté vont totalement contraster avec l'entente harmonieuse, l'aisance économique qui règnent dans leur famille d'accueil. Sans compter l'affection sans limites qui est témoignée aux deux enfants.

Après une scolarité moyenne mais pendant laquelle elle établit de bonnes relations avec ses amies, vers onze ans, au début de son adolescence, Sabine commence à se replier sur elle-même. Elle se trouve moche et est complexée par un corps qui change trop vite. Son frère, Grégoire, est au contraire très à l'aise, quelles que soient les difficultés qu'il rencontre ; c'est un garçon positif, joyeux et drôle en toutes circonstances.

L'état de Sabine ne s'améliorant pas, elle est suivie par un psychologue pendant plusieurs années. Ses études sont hachées et compliquées par une forte anorexie qui se déclenche vers l'âge de quinze ans. Puis commencent les séjours en hôpital psychiatrique qui deviendront de plus en plus réguliers. Grégoire, très affecté par l'état de sa sœur, tente de l'aider et de la soutenir du mieux qu'il peut. En dépit de ce drame intime, il réussit à décrocher son baccalauréat.

L'un s'en est sorti, pourrait-on dire, l'autre pas. La gémellité n'aura pas permis de les voir s'épanouir de la même façon. Bien au contraire ! C'est le jour et la nuit entre Grégoire et Sabine. Il est fréquent que la gémellité provoque ces écarts : c'est soit la fusion entre les jumeaux, soit la scission, qui aboutit généralement à la mise à l'épreuve de l'un des deux. Quand j'ai rencontré Grégoire, il avait seize, dix-sept ans et traversait un grand moment de détresse. Il s'occupait toujours de sa sœur mais éprouvait la culpabilité de celui qui a su s'adapter par les études, surmonter de multiples problèmes, être un résilient. Alors que Sabine n'a jamais pu dépasser sa souffrance, ses traumatismes d'enfant. L'un résistant, l'autre vulnérable…

Avec la définition et l'observation du stress post-traumatique[1], nous allons monter d'un cran dans l'échelle des désordres provoqués par une situation stressante et des événements déstabilisants. Le stress post-traumatique est en effet un trouble psychiatrique survenant chez des personnes exposées à des événements hors du commun (extra-ordinaires). Les « syndromes psychotraumatiques » prennent diverses formes dans le temps ; ils peuvent être tolérables ou invalidants, transitoires ou durables (tolérables, nous venons de l'observer pour Grégoire, invalidants pour Sabine). Selon Louis Crocq[2], le vocable « syndrome psychotraumatique désigne tout état psychopathologique apparu après l'exposition à un événement potentiellement traumatisant ayant donné lieu à une expérience vécue de traumatisme psychique ». En d'autres termes, il s'agit d'un phénomène d'effraction du psychisme ; l'effraction provoque un débordement des défenses, une impossibilité soudaine à maîtriser l'événement qui agresse, voire menace la vie ou l'intégrité de la personne.

Des études récentes montrent que les cas diagnostiqués de troubles liés à un état de post-traumatisme ne sont pas proportionnels au nombre d'expositions traumatiques possibles. Et heureusement ! Mais qu'une personne développe un état de stress post-

1. Vient de l'anglais, le PTSD : *Post traumatic stress disorder* ; en français ESPT : état de stress post-traumatique.

2. Louis Crocq, *Les Traumatismes psychiques de guerre*, Paris, Odile Jacob, 1999.

traumatique alors qu'une autre saura s'en protéger reste encore obscur.

Je vous propose de regarder comment les chercheurs américains définissent les troubles de l'état de stress post-traumatique. Au préalable, je voudrais préciser que la grille de lecture qui suit est un outil professionnel. Si vous êtes un lecteur néophyte mais cependant intéressé, rassurez-vous, vous sélectionnerez vous-même vos repères, ceux qui vous permettront une approche concrète des troubles liés à l'état de stress post-traumatique.

Troubles de l'état de stress post-traumatique

Les six séries de critères A, B, C, D, E, F doivent tous être satisfaits pour poser le diagnostic d'ESPT.

A. Le sujet a été exposé à un événement traumatique dans lequel les deux éléments suivants étaient présents.

1. Le sujet a vécu, a été témoin ou confronté à un événement/des événements pendant lesquels des individus ont pu mourir ou être très gravement blessés ; ou bien il a été menacé de mort ou de grave blessure ; ou bien, pendant ces événements, son intégrité physique ou celle d'autrui a pu être menacée.

2. La réaction du sujet à l'événement s'est traduite par une peur intense, un sentiment d'impuissance ou d'horreur. *N.B.* : Chez les enfants, un comportement désorganisé ou agité peut se substituer à ces manifestations.

B. L'événement traumatique est constamment revécu, de l'une (ou de plusieurs) des façons suivantes.

3. Souvenirs répétitifs et envahissants de l'événement provoquant un sentiment de détresse avec

des images, des pensées et des perceptions. *N.B.* Chez les jeunes enfants peut survenir un jeu répétitif exprimant des thèmes ou des aspects du traumatisme.

4. Rêves répétitifs de l'événement provoquant un sentiment de détresse. *N.B.* : Chez les enfants, il peut y avoir des rêves effrayants sans contenu reconnaissable.

5. Impressions ou agissements soudains « comme si » l'événement traumatique allait se reproduire (incluant le sentiment de revivre l'événement, des illusions, des hallucinations, et des épisodes dissociatifs – flash-back –, y compris ceux qui surviennent au réveil ou au cours d'une intoxication). *N.B.* : chez les jeunes enfants, des reconstitutions spécifiques du traumatisme peuvent survenir.

6. Sentiment intense de détresse psychique lors de l'exposition à des indices internes ou externes évoquant un aspect de l'événement traumatique en cause ou lui ressemblant.

7. Réactivité physiologique lors de l'exposition à des indices internes ou externes pouvant évoquer ou ressembler à un aspect de l'événement traumatique en cause.

C. Évitement persistant des stimuli associés au traumatisme et émoussement de la réactivité générale (ne préexistant pas au traumatisme), comme en témoigne la présence d'au moins trois des manifestations suivantes.

8. Efforts pour éviter les pensées, les sentiments ou les conversations associés au traumatisme.

9. Efforts pour éviter les activités, les endroits ou les gens qui éveillent des souvenirs du traumatisme.

10. Incapacité à se rappeler un aspect important du traumatisme.

11. Réduction nette de l'intérêt pour des activités importantes ou réduction de la participation à ces mêmes activités.

12. Sentiment de détachement vis-à-vis d'autrui ou de devenir étranger aux autres.

13. Restriction des affects (par exemple, incapacité à éprouver des sentiments tendres).

14. Sentiment d'avenir « bouché » (par exemple, pense ne pas pouvoir faire carrière, se marier, avoir des enfants, ou avoir une vie au cours normal).

D. Présence de symptômes persistants traduisant une activation neurovégétative (ne préexistant pas au traumatisme), comme en témoigne la présence d'au moins deux des manifestations suivantes.

15. Difficultés d'endormissement ou sommeil interrompu.

16. Irritabilité ou accès de colère.

17. Difficultés de concentration.

18. Hypervigilance.

19. Réaction de sursaut exagérée.

E. La perturbation (symptômes des critères B, C et D) dure plus d'un mois.

F. La perturbation entraîne une souffrance cliniquement significative ou une altération du fonctionnement social, professionnel ou dans d'autres domaines importants.

Spécifier s'il s'agit d'un état de stress post-traumatique

aigu : si la durée des symptômes est de moins de trois mois ;

chronique : si la durée des symptômes est de trois mois ou plus ;

de survenue différée : si le début des symptômes survient au moins six mois après le facteur de stress.

La survenue d'un état de stress post-traumatique dépend totalement de la personne, du contexte et de la sévérité du choc reçu, ainsi que de ses particularités : « où, quand, comment ? ». Lors de hold-up, d'attentats, d'agressions ou de viols, son arrivée brutale peut varier d'une situation donnée à une autre, d'une personne à une autre.

Là encore, il faut préciser que certains individus ne manifesteront aucun symptôme suite à un événement traumatique alors que d'autres souffriront d'états de mal-être passagers avec des suites immédiates ou post-immédiates. D'autres développeront parfois un état de stress post-traumatique chronique. La vulnérabilité d'une personne se mesure en tenant compte du fait objectif, le « traumatisme », et de la réponse subjective apportée.

Remarques relatives liées aux états de stress post-traumatiques

D'où vient cette expression qui dit bien ce qu'elle veut dire mais qui est, je vous l'accorde volontiers, quelque peu barbare pour le profane, « état de stress post-traumatique » ? La notion d'état de stress post-traumatique est, en fait, déjà très ancienne, mais on utilisait autrefois une autre appellation : on parlait plus simplement de « névrose traumatique ». Elle a été découverte à la fin du XIXe siècle, grâce à des études portant sur les accidentés du travail dans les chemins de fer.

Celles réalisées sur le désordre mental d'un certain nombre de soldats revenant de guerre révélèrent les « névroses de guerre » dans lesquelles le syndrome psychotraumatique fut clairement décrit. Il fallut attendre, aux États-Unis, la fin de la guerre du Vietnam pour que l'on s'intéresse à ces vétérans et à ce que l'on a appelé le *Post Vietnam Syndrom*. Et c'est en

1980 que fut introduite la notion d'état de stress post-traumatique dans la nomenclature américaine des psychopathologies (DSM-III : *Diagnosis and Statistical Manuel of Mental Disorder* ou *Manuel diagnostique et statistiques des troubles mentaux de l'Association américaine de psychiatrie*).

Les recherches menées actuellement tendent à identifier plus clairement les « profils dits à risque » en tenant compte du fait que, dans le développement d'un individu, les facteurs de vulnérabilité sont très variables et, de plus, modifiés par les facteurs de protection. La classification américaine des psychopathologies (DSM) insiste sur la dimension bio-physiologique des troubles liés à l'état de stress post-traumatique et associe d'une certaine façon stress et trauma ; mais ce lien n'a pas encore été démontré[1].

Qu'appelle-t-on « catastrophe » ?

Un chiffre tout d'abord : les états de stress post-traumatique ne concernent que 1 à 10 % de la population. Ils font suite, nous l'avons dit, à des chocs violents. « Chocs violents », « événements hors du commun », « catastrophes », mais de quoi s'agit-il au juste ?

Plusieurs classifications regroupent les types d'événements traumatiques.

Liste des catastrophes

Catastrophes naturelles

- Géologiques : – tremblements de terre ;
  – éruptions volcaniques ;
  – glissements de terrain.

1. Voir, au début de cette Quatrième clé, la différence entre stress et trauma.

• Climatiques : – tempêtes, ouragans, typhons, raz de marée ;
– pluies diluviennes et inondations ;
– tempête de neige ou de grêle (ou de sable) ;
– avalanche, fonte de glaciers ;
– vagues de froid, de chaleur ;
– sécheresse, avec famine et incendie.
• Bactériologiques : – épidémies.
• Zoologiques : – invasion de sauterelles, de termites, de rats.

Catastrophes technologiques et accidentelles

• Incendies d'habitations ou de forêts.
• Écroulement d'habitations ou d'édifices.
• Inondations par rupture de barrage ou de canalisation.
• Explosion dans un silo céréalier.
• Coup de grisou, éboulement dans une mine.
• Explosion d'un dépôt de carburant ou d'une conduite de gaz.
• Accident technique sur une plate-forme en mer, dans une usine.
• Accident dans une usine chimique.
• Accident dans une usine nucléaire.
• Accident de la circulation routière, ferroviaire, maritime, aérienne.
• Accident dans le transport des matières dangereuses.

Catastrophes de guerre

• Pilonnage d'artillerie, bombardement aérien par bombes classiques, torpillage de navires.
• Invasion du pays par une armée ennemie.
• Bombardement par une arme nucléaire.
• Attaque par armes chimiques, bactériologiques.
• Action de terrorisme de guerre.

Catastrophes de société

- Insurrections destructrices.
- Panique dans un stade ou un lieu public.
- Famine.
- Terrorisme civil, prise d'otages.

N.B. Cette liste exhaustive des différentes catastrophes vient compléter celle concernant la classification des facteurs de risque (Troisième clé, « Comment fonctionne la résilience ? »).

Voici un test concernant votre aptitude à survivre ou non après une catastrophe. Installez-vous confortablement, c'est le moins que l'on puisse suggérer à un lecteur que l'on ose entraîner sur un terrain aussi périlleux[1]. Armez-vous d'un crayon et d'un peu de temps, la liste est longue et les cas de figure nombreux.

Survivriez-vous à une catastrophe ?

Pour la plupart des gens, la vie est sans histoires, sans ennui grave. Mais, d'un moment à l'autre, nous pouvons aussi nous trouver confrontés à un choc inattendu, à un danger, à un accident. Les statistiques démontrent qu'il y a de très fortes chances pour qu'un automobiliste soit impliqué dans au moins un accident grave au cours de sa vie, et pour qu'un automobiliste sur trois soit légèrement blessé à cette occasion. Les accidents de la route sont les mini-catastrophes de notre siècle, mais d'immenses drames collectifs minent le monde, les famines, les épidémies, les guerres, les génocides, le terrorisme. Si vous prenez le temps d'y penser un moment – et il suffit de

1. Test extrait de Gilbert La Rocque, « Se comprendre soi-même par des tests », Montréal, l'Homme, 1971.

regarder les journaux ou d'écouter la radio –, vous vous apercevrez qu'à chaque instant de la journée il y a, quelque part sur la planète, des gens en train de se battre pour survivre à une catastrophe.
Et vous, quelles seraient vos chances de survie si votre quotidien se trouvait dramatiquement perturbé ? Chacun d'entre nous peut s'attendre à devoir un jour où l'autre changer sa façon de vivre ; il y a comme on dit des tournants dans l'existence qu'il faut savoir négocier ; l'adolescence, le tournant de la trentaine, de la quarantaine, l'entrée dans la vieillesse, etc., mais il y a aussi la naissance d'un enfant, un divorce, un deuil, le chômage, une longue maladie. Il est impossible pour certaines personnes de surmonter les changements violents, donc de s'adapter aux circonstances. Ceux qui sont d'un naturel optimiste ont plus d'aisance, de souplesse. Ce questionnaire a pour but d'explorer vos possibilités de survivre aux catastrophes, des plus graves aux plus petites.

Inscrivez vos réponses sur une feuille séparée

1. Une fin de semaine tranquille à la maison... Soudain, on vous annonce qu'un de vos proches vient d'être transporté d'urgence à l'hôpital. Il vous faut vous y rendre immédiatement pour vous occuper de la femme affolée du malade. Comment vous comportez-vous ?
a) Vous vous sentez tout à fait incapable d'y arriver.
b) Vous faites votre possible, mais en espérant que tout rentre dans l'ordre au plus vite.
c) Vous disposez d'une réserve d'énergie pour faire face à la situation.

2. Vous êtes licencié du jour au lendemain : comment réagissez-vous ?
a) Vous vous enivrez.
b) Vous êtes plutôt ravi de disposer d'un peu de loisirs.
c) Vous vous mettez immédiatement à la recherche d'un autre emploi.
3. Les circonstances font que vous disposez d'une soirée libre, sans rien d'urgent à faire. Que faites-vous ?
a) Vous vous détendez et vous profitez de la solitude.
b) Vous téléphonez, jusqu'à ce que vous ayez trouvé quelqu'un à qui parler.
c) Vous vous trouvez quelque travail pour vous tenir occupé.
4. Des amis, plus jeunes que vous, vous demandent de les accompagner en camping. Quelle est votre réaction la plus probable ?
a) Vous y allez si vous n'avez rien de mieux à faire.
b) Vous êtes assez emballé pour annuler tout le reste afin d'y aller.
c) Vous refusez parce que vous préférez passer vos congés de façon un peu plus confortable.
5. Imaginez qu'on vous apprenne qu'il ne vous reste que six mois à vivre. Comment réagissez-vous ?
a) Vous ferez tout ce qu'il vous sera possible d'accomplir et que vous avez toujours rêvé de faire.
b) Vous passez votre temps à mettre de l'ordre dans vos affaires et à préparer votre famille et vos amis.
c) Vous allez voir tous les spécialistes possibles, dans un suprême effort pour recouvrer la santé.
6. Lorsque vous avez un léger mal de tête :
a) Vous vous mettez au lit ou, au moins, vous vous retirez à l'écart.

b) Vous faites comme si de rien n'était.
c) Vous prenez un analgésique pour ensuite poursuivre vos activités normales.
7. Vous avez décidé de vous coucher tôt. Vous dormez à peine depuis une heure qu'un ami vous téléphone pour vous inviter à une soirée qui semble particulièrement attirante.
a) Vous lui dites que vous désirez dormir.
b) Vous vous levez pour y aller.
c) Vous déclinez poliment l'invitation.
8. Vous avez un début de mal de dents, rien de terrible encore, rien qu'un élancement occasionnel. Que faites-vous :
a) Vous prenez un rendez-vous avec votre dentiste.
b) Vous pensez qu'il faudra voir le dentiste, mais vous préférez attendre au risque que les choses empirent.
c) Vous essayez de prétendre que tout va bien.
9. Quand vous avez été aux prises avec des problèmes, avez-vous déjà envisagé le suicide comme solution possible ?
a) Jamais.
b) Vaguement.
c) Souvent.
10. Vous avez économisé assez d'argent pour vous acheter une maison. Une bonne occasion se présente, mais vos moyens ne vous permettent pas d'acheter aussi les meubles. Que faites-vous ?
a) Vous emménagez et vivez dans la maison vide jusqu'à ce que vous ayez assez d'argent pour acheter des meubles.
b) Vous faites vous-même ou rénovez l'essentiel.
c) Vous décidez de remettre l'achat jusqu'au moment où vous pourrez vivre dans le confort.

11. D'après vous, quelle serait votre réaction si vous surviviez à l'effondrement de la société telle que nous la connaissons ?
a) Vous choisiriez la mort.
b) Vous tâcheriez de tirer parti, au mieux, des nouvelles conditions qui se présentent.
c) Vous ne savez pas.
12. Laquelle de ces phrases vous paraît la plus juste ?
a) Ce qu'il y a de plus important dans ma vie, c'est mon travail.
b) C'est ma famille qui importe le plus dans ma vie.
c) Ce qui compte vraiment dans ma vie, c'est de vivre chaque instant dans sa pleine intensité.
13. Êtes-vous anxieux :
a) Seulement quand il vous arrive quelque chose de vraiment grave ?
b) Souvent, sans raison apparente ?
c) À l'occasion, même si les circonstances ne le justifient pas vraiment ?
14. Si vous voyez quelqu'un se faire attaquer dans la rue :
a) Vous essayez de l'aider.
b) Vous décampez au plus vite.
c) Vous allez chercher du secours.
15. Laquelle de ces phrases vous paraît la plus juste ?
a) Je suis quelque peu rêveur, peu porté à l'action.
b) Quand je dois prendre une décision, j'hésite un peu, puis je me jette dans l'action.
c) Je suis plus porté à agir qu'à m'asseoir et à penser.
16. S'il y avait un sérieux accident près de chez vous, quelle serait votre réaction la plus probable ?
a) Aider, puisque vous avez des notions de premiers secours.

b) Aider, mais en étant dirigé, parce que vous ne sauriez pas quoi faire tout seul.
c) Au mieux, limiter votre aide à téléphoner pour demander une ambulance.
17. Si on cambriolait votre maison :
a) Vous seriez traumatisé et malheureux.
b) Vous appelleriez, avec résignation, votre compagnie d'assurances.
c) Vous seriez vraiment en colère, au point de songer à vous venger des cambrioleurs.
18. Si votre partenaire menaçait de vous quitter :
a) Vous lui appelleriez un taxi.
b) Vous essayeriez de le/la raisonner.
c) Vous le/la supplieriez de rester.
19. De quoi vous passeriez-vous le plus aisément ?
a) De téléphone.
b) De voiture.
c) De mets agréables.
20. Que faites-vous lorsqu'il y a une panne d'électricité ?
a) Vous utilisez des bougies et le poêle de camping que vous gardez pour les cas d'urgence.
b) Vous regrettez de n'être pas capable de faire les réparations vous-même.
c) Vous allez vous coucher jusqu'à que ce soit fini.
21. Quelle distance pourriez-vous marcher avant d'être fatigué ?
a) Un kilomètre.
b) Trois kilomètres.
c) Dix kilomètres et plus.
22. Une fois fatigué, quelle distance pourriez-vous encore parcourir ?
a) Environ trois kilomètres.
b) Pas un pas de plus.
c) J'irais aussi loin qu'il le faudrait.

23. Laquelle de ces situations vous effraie le plus ?
a) Perdre votre argent et votre emploi.
b) Perdre votre famille et vos amis.
c) Faire une dépression nerveuse.
24. Savez-vous quelque chose des sujets suivants ? (répondez par oui ou par non à chaque question)
a) La culture des plantes et la préparation des aliments.
b) La médecine.
c) La construction.
d) Rien de tout cela.
25. Quand vous avez besoin d'argent, que faites-vous ?
a) Vous épargnez autant que possible.
b) Vous imaginez un moyen d'en gagner.
c) Vous en empruntez si possible.
26. Laquelle de ces phrases s'applique à vous ?
a) Je fais des plans souples pour ma vie, mais je suis toujours prêt à les changer si une bonne occasion se présente.
b) Je prévois tous les détails de ma vie, et je m'y tiens.
c) Je prends la vie comme elle vient.
27. Si vous deviez être abandonné sur une île déserte, lequel de ces articles choisiriez-vous ?
a) Une caisse de conserves.
b) Une caisse de livres.
c) Une caisse d'outils.
28. Si quelqu'un vous attaquait avec l'intention manifeste de vous tuer, quelle serait votre réaction la plus probable ?
a) Céder, plutôt que de tuer votre agresseur.
b) Tuer votre agresseur, si vous en avez la chance.
c) Courir.
29. Avez-vous besoin qu'il y ait des gens autour de vous pour vous inspirer un but ?
a) Oui.

b) Non.
c) Parfois.
30. Laquelle de ces situations désagréables supportez-vous le plus difficilement ?
a) La douleur physique.
b) La désapprobation sociale.
c) La dépression.

À présent, reportez-vous ci-dessous pour vérifier votre score :

1. *a*. 2 – *b*. 4 – *c*. 6
2. *a*. 2 – *b*. 4 – *c*. 6
3. *a*. 6 – *b*. 2 – *c*. 4
4. *a*. 4 – *b*. 6 – *c*. 2
5. *a*. 6 – *b*. 4 – *c*. 2
6. *a*. 2 – *b*. 6 – *c*. 4
7. *a*. 2 – *b*. 6 – *c*. 4
8. *a*. 6 – *b*. 4 – *c*. 2
9. *a*. 6 – *b*. 4 – *c*. 2
10. *a*. 4 – *b*. 6 – *c*. 2
11. *a*. 2 – *b*. 6 – *c*. 4
12. *a*. 2 – *b*. 4 – *c*. 6
13. *a*. 6 – *b*. 2 – *c*. 4
14. *a*. 6 – *b*. 2 – *c*. 4
15. *a*. 2 – *b*. 4 – *c*. 6
16. *a*. 6 – *b*. 4 – *c*. 2
17. *a*. 2 – *b*. 6 – *c*. 4
18. *a*. 6 – *b*. 4 – *c*. 2
19. *a*. 2 – *b*. 4 – *c*. 6
20. *a*. 6 – *b*. 4 – *c*. 2
21. *a*. 2 – *b*. 4 – *c*. 6
22. *a*. 4 – *b*. 2 – *c*. 6
23. *a*. 4 – *b*. 6 – *c*. 2
24. *a*. oui 6-non 0
b. oui 6-non 0
c. oui 6-non 0
d. oui 6-non 0
25. *a*. 4 – *b*. 6 – *c*. 2
26. *a*. 6 – *b*. 2 – *c*. 4
27. *a*. 4 – *b*. 6 – *c*. 2
28. *a*. 2 – *b*. 6 – *c*. 4
29. *a*. 2 – *b*. 6 – *c*. 4
30. *a*. 4 – *b*. 2 – *c*. 6

Analyse

Vérifiez soigneusement votre score et, quand vous connaîtrez votre nombre de points total, reportez-vous à l'analyse ci-dessous. En gros, on peut dire que plus votre score est élevé, plus fortes sont vos chances de survivre à une catastrophe et de vous tirer d'affaire, à court comme à long terme.

Moins de 80 points : le risque est extrêmement élevé
Un score aussi bas indique que vous faites partie de ceux qui ont le moins de chances de survivre à une catastrophe. Le seul conseil qu'on puisse vous donner, c'est d'éviter les ennuis : évitez de voyager, ne sortez pas la nuit et choisissez avec le plus grand soin vos compagnons : la vie peut vous paraître très terne, mais il y a trop de risques pour vous à sortir des sentiers battus ! Cependant, êtes-vous sûr d'avoir répondu honnêtement et d'avoir additionné vos points correctement ?

80-100 : risque relativement élevé
C'est là un score faible, qui suggère une personne pas très bien adaptée pour survivre aux catastrophes qu'elle peut rencontrer au cours de sa vie. Vous êtes probablement surprotégé : vous êtes quelque peu inflexible sur le plan de vos idées et de votre façon d'agir. De plus, vous devez être un individu plutôt craintif. En réalité, une *véritable* catastrophe, plutôt que les drames imaginaires de ce questionnaire, provoquerait probablement en vous un instinct de survie plus puissant que vous ; c'est pourquoi, dans une situation de ce genre, vous vous tireriez peut-être plus facilement d'affaire que vous ne le croyez. Le problème provient, pour une bonne part, du fait que vous hésitez passablement à vous mettre à l'épreuve, par crainte de l'échec. Soyez un peu plus téméraire !

101-135 : facteur de survie moyen
Comme la majorité des humains, vous êtes raisonnablement apte à vous tirer d'affaire dans une situation catastrophique. Il y a en vous une forte dose de prudence qui contribuerait sûrement à vos chances de survie. Cependant, cela se double d'une certaine souplesse qui vous empêche d'être

excessivement prudent. En cas de coup dur, vous auriez de bonnes chances de survie, à condition qu'on n'exige pas trop d'initiatives de votre part. Il y a en vous une nette tendance à suivre plutôt qu'à mener. Cela fonctionne bien et à votre avantage dans certaines situations, mais pas dans d'autres.

136-165 : bon facteur de survie
C'est là un score élevé, il indique assez clairement que vous pourriez sauver votre vie dans une situation grave. Cela tient en partie au fait que vous êtes un individu jouissant d'une personnalité souple, c'est-à-dire que devant une situation à problème vous pouvez envisager plusieurs façons de vous en sortir. Vous avez également une nature fondamentalement courageuse : cela signifie que vous n'aurez pas peur de courir un risque dans une situation périlleuse. Il est très probable que vous soyez quelqu'un de vif qui aime les problèmes au lieu de les redouter. Vous pouvez vous risquer, et certainement survivre, n'importe où dans le monde.

Plus de 165 : très haut facteur de survie
Vous avez obtenu un score extrêmement élevé, ce qui suggère que vous êtes de ceux qui peuvent se tirer de n'importe quel genre de catastrophe. Vous auriez probablement survécu au naufrage du *Titanic*, au tremblement de terre de San Francisco et à l'explosion de l'île de Krakatoa, même si vous aviez été impliqué dans les trois ! Mais, sérieusement, si votre score est *réellement* aussi élevé, c'est que vous disposez de toute la ténacité, de toute l'énergie qu'il faut pour survivre. Il se peut même que vous alliez jusqu'à rechercher les situations périlleuses ; soyez donc prudent, car la témérité peut constituer dans votre vie un grand facteur de danger.

Rachid est marié depuis trois ans avec Samia et son couple commence à battre de l'aile. Les disputes deviennent incessantes entre les deux époux, et ont pour unique objet l'éducation de leur fils, Mohamed, qui a dix-huit mois.

À la maison, un soir, alors qu'ils viennent de coucher Mohamed, une violente querelle éclate. Pour la première fois, Samia, excédée, se met à jeter tout ce qui lui passe sous la main. Rachid sort fumer une cigarette dans le jardin... Et, soudain, c'est l'horreur, un court-circuit, dont on ne trouvera pas l'origine, provoque le feu dans la salle à manger. Samia, choquée, reste sans réaction. Lorsque Rachid, qui s'est un peu éloigné de la maison, se retourne en entendant le bruit sourd d'une explosion, il est déjà trop tard pour son épouse ; elle est encerclée par les flammes. Rachid escalade alors un mur en suivant une canalisation et parvient à sauver Mohamed de l'incendie. Brûlé au visage, il est hospitalisé et Mohamed gardé, le temps des soins, par ses grands-parents. Mais après quelques jours au service des brûlés Rachid manifeste des symptômes qui inquiètent l'équipe soignante.

Un psychiatre se rend à son chevet et constate que Rachid est très angoissé, ne parvient pas à dormir, s'agite au moindre bruit imprévu et fait des cauchemars liés à l'« épreuve des flammes ». Mais, en revanche, il semble s'être très bien adapté au service de l'hôpital, trop bien puisqu'il s'autorise même à blaguer avec le personnel. Et, autre fait étrange, il n'évoque jamais la mort de Samia et ne demande pas à voir son petit garçon. L'entretien avec le psychiatre révèle une confusion dans le récit du drame survenu avec une absence totale de détails chronologiques.

Les troubles manifestés par Rachid sont clairement identifiables, ce sont ceux qui sont liés à un état de stress post-traumatique ; le psychiatre diagnostiquera une pathologie post-immédiate, avec des cauchemars à répétition, une hyperactivité neurovégétative au moindre stimulus imprévu, un émoussement affectif pour son fils (la belle indifférence) et une réaction d'évitement quant à la mort de Samia.

Lorsque Rachid ira mieux et sortira de ce déni, il sera confronté à un autre problème, celui de la culpabilité ; et pourtant, en s'éloignant de quelques mètres de son habitation, il ne pouvait pas prévoir qu'un accident aussi grave allait se produire.

Un autre que lui aurait pu vivre ce drame avec tout autant de douleur mais davantage de résistance, c'est-à-dire sans « perdre la tête », sans développer de troubles psychiatriques. Alors, comme l'affirment certaines recherches américaines, y aurait-il des liens entre la personnalité des individus confrontés à une situation douloureuse et les états de stress post-traumatique ?

État de stress post-traumatique et traits de la personnalité

Deux constats ressortent des recherches, mais vous avez pu, par simple observation personnelle, les appréhender vous-même. Tout d'abord, certaines personnes sont, plus que d'autres, anxieuses, volontiers hostiles ou pessimistes. Dans nos rapports humains, nous « sentons » très vite, par intuition et grâce à notre fameux sixième sens (!), si nous avons affaire à quelqu'un qui a tendance à voir la vie en rose ou à avoir des idées noires. Ensuite, deuxième cas de figure, et là il nous faudra parfois un peu plus de temps pour entrer dans la personnalité du personnage : certains individus, apparemment très à l'aise, peut-être trop, cachent derrière leur extraversion et leur hypersensibilité aux incidents, même mineurs, une émotivité négative. On dira d'eux, par exemple, « il prend tout au pied de la lettre », « il est très susceptible », « elle en fait une affaire d'État », « il exagère tout le temps ». Ces traits de personnalité négatifs sont des facteurs de risque qui peuvent fragiliser une personne et la rendre plus vulnérable aux chocs et par conséquent aux états de stress post-traumatiques.

La capacité d'entrer en résilience met en évidence deux mouvements bien précis qui se succèdent dans le temps et supposent une évolution : la résistance (à une catastrophe, par exemple) puis son dépassement. Ce qui signifie qu'un enfant/adolescent ou un adulte qui parvient à retrouver une forme d'harmonie après un événement brutal et blessant se maintient dans une forme de dynamisme et ne présente pas ou peu de traits de personnalité négatifs, ou a réussi à les canaliser.

We are the champions ! À cinq ans, Michaël est amputé du bras gauche à la suite d'un grave accident sur la voie publique. Son grand frère l'a toujours encouragé à le suivre sur son terrain de sport favori : il est joueur de handball. Ainsi, ce petit garçon qui n'a qu'un bras suivra son frère aîné à toutes ses séances d'entraînement et avec les yeux apprendra à connaître les moindres subtilités de ce sport. Il rêve en secret d'être un jour gardien de but. Définitivement appareillé à huit ans, Michaël, particulièrement grand et bien développé pour son âge, est parfaitement heureux dans sa famille. Il obtient des résultats moyens en classe parce qu'il ne songe qu'à une seule chose, faire du hand ! Un jour, Michaël s'en souviendra toujours, le gardien de but de l'équipe des minimes est absent pour l'entraînement. En un quart de seconde, il décide de tenter sa chance et se place de son propre chef dans la cage, commençant ainsi sa carrière de handballeur. Jusqu'à ses seize ans, il gardera les buts de son équipe, qui évolue maintenant au niveau régional. Son idée, c'est de devenir naturellement entraîneur de son équipe tant son intelligence du jeu force l'admiration de ses coéquipiers.

Le plus incroyable, dans sa résilience, ce sont les relations qu'il a avec les filles. Il enlève sa prothèse à chaque fois qu'il se rend en discothèque. Michaël entend que celle qui tombera sous son charme l'aime pour ce qu'il est, sans tricher. Il rencontrera sur *We are the champions*, de Queen, Marie-Catherine !

Aujourd'hui, il passe son bac sans se faire trop d'illusions et pense préparer un diplôme pour devenir entraîneur national dans son club de hand. Les résultats de son équipe sont là et plus que prometteurs. Michaël vit parfaitement le handicap de sa prothèse. Il ne s'est jamais posé en victime, gardant pour lui la souffrance psychique de ne pas être tout à fait comme les autres. Michaël a su exploiter des stratégies positives pour se construire en cultivant sa différence, comme un complément et non une opposition.

État de stress post-traumatique et résilience

Psychopathologie des traumatismes psychiques

L'expérience traumatique relève d'une terrible rencontre entre le réel et la mort. Et il faut avoir été confronté à la mort dans sa réalité pour parler de traumatisme psychique. Attention, je ne parle pas de nos « représentations » de la mort, mais d'une image de mort qui s'est infiltrée et installée dans ce que nous appelons dans notre jargon professionnel l'« affect » ou, si vous préférez, dans notre état affectif élémentaire. Il s'agit d'une effraction qui peut suivre par exemple la vue d'un événement violent. C'est comme un corps étranger qui nous pénétrerait et provoquerait une réaction d'effroi. La personne qui vit cet événement est plongée dans un état de choc si intense que la structure de son langage se trouve souvent complètement perturbée (phase de dissociation péri-traumatique). Elle ne peut plus parler, sa perception du temps est complètement modifiée par l'événement, et elle donne à ceux qui l'entourent la sensation d'avoir été dépersonnalisée. L'expérience fortement déstabilisante plonge la victime dans un « état de stress dépassé ».

Les images du traumatisme s'imposeront progressivement sur un mode de répétition diurne et/ou nocturne sans correspondre aux représentations classiques de la mort. L'effondrement des défenses intrapsychiques rend l'image traumatique difficile à intégrer, à surmonter. Il faudra parfois beaucoup de temps pour arriver à aider les victimes de traumatismes psychiques à reconstruire leurs « garde-fous ». Après la constitution d'un état de stress post-traumatique, en fonction de l'histoire du traumatisme, la personne pourra, de surcroît, déclencher ou non ce qui est appelé la « culpabilité du survivant » dont nous avons déjà parlé.

Nicou est un jeune Rwandais que j'ai suivi en thérapie. J'ai gardé l'image de notre première rencontre : le petit gamin que j'avais en face de moi, accompagné de son médiateur, m'écoutait et jouait en même temps avec sa console de jeux. Nicou a aujourd'hui l'apparence d'un garçon sans problème, toujours positif et souriant. Mais derrière ce beau sourire, ce masque, se cache un enfant traumatisé par le génocide du Rwanda. Il m'a raconté qu'il avait onze ans lorsqu'il avait été placé dans un orphelinat avec ses quatre sœurs, à la suite de la mort de leurs parents :

> « Un jour, une personne de l'ambassade de Belgique est venue me dire qu'une famille allait m'adopter. Et c'était vrai, une semaine plus tard, mes

parents adoptifs sont venus me chercher et tout le monde me disait que j'avais beaucoup de chance de partir si loin, en Belgique. Mais moi je laissais mes sœurs, et, ça, personne ne comprenait… C'est juste quelques semaines plus tard, après mon arrivée dans ma nouvelle famille, que se déroulèrent les événements tragiques du Rwanda. Je me revois en train de regarder les informations du soir à la télévision et découvrir l'incroyable : on massacrait mon peuple ! Mes parents adoptifs, pourtant si tendres et affectueux avec moi, ont-ils compris à ce moment-là ce qui se passait dans ma tête ? »

À la suite de crises de nerfs répétées, Nicou consulta un psychiatre qui diagnostiqua un état de stress post-traumatique différé et chronicisé avec un trouble majeur du comportement, la « culpabilité du survivant ».

Nicou pensait que ses parents adoptifs étaient responsables de son malheur puisqu'ils avaient perdu les traces de ses quatre sœurs. Il ne se sentait pas « concerné » mais « impliqué ». S'ensuivra une longue phase de deuil qui durera environ un an. Puis, progressivement, Nicou retrouvera le goût des études et de la vie en société. Sa famille adoptive, extrêmement perturbée par la tournure qu'avaient pris les événements, entama une thérapie familiale pour dépasser le drame déclenché par cette adoption.

Les années ont passé. Nicou s'est mis au service des autres. Il est très investi dans une association de soutien scolaire, à Bruxelles, au sein de la communauté rwandaise. Avec sa petite amie, ils préparent leur premier voyage au Rwanda dans le cadre d'une mission humanitaire.

Au fond de lui, il espère revenir un jour définitivement dans son pays lorsque la situation se sera stabilisée.

Remarques sur les traumatismes psychiques

En écrivant ces lignes sur l'histoire de Nicou, je pensais à Anna Freud, qui définissait le traumatisme psychique comme une mort à deux niveaux. La première mort, disait-elle, c'est au moment où l'on vit quelque chose qui est incroyable et qui provoque une désorganisation totale du psychisme, des défenses intrapsychiques, que j'ai nommées plus haut, pour sourire, nos « garde-fous ». Et la deuxième mort, c'est la confrontation à l'« absence de sens ». Non seulement vous ne pouviez pas vous imaginer que vous seriez victime d'un viol, ou qu'en descendant dans le métro une bombe allait éclater, mais, en plus, vous ne comprenez pas ce qui vous est arrivé. À l'absence de représentation, il faut substituer un récit[1]. La mise en mots permet de rassembler ces deux morts : le fait de raconter l'événement traumatisant à une personne capable d'écoute attentive autorise à se représenter ce qui s'est passé, à s'approprier son histoire pour, ensuite, mieux la dépasser. À ce moment-là – il faudra peut-être beaucoup de temps –, vous garderez une empreinte, mais le traumatisme sera jugulé.

La problématique du stress adapté ou dépassé

Lorsqu'une personne parvient à faire face à une situation traumatique par une réponse adaptée à la menace, on parle d'une réaction de « stress adapté ».

Dans le cas contraire, si elle ne réussit pas à s'adapter à l'événement exceptionnel, on dira qu'elle présente une réaction de « stress dépassé ». Au niveau du comportement, des descriptions précises ont été faites, allant de la fuite panique à la réaction de sidé-

1. Les techniques utilisées pour favoriser le récit seront abordées dans la seconde partie de cet ouvrage. Elles sont nombreuses et peuvent être associées, rêve éveillé, hypnothérapie, thérapie comportementale, etc.

ration. Entre ces deux extrêmes, il existe d'autres troubles du comportement, comme l'agitation stérile et incontrôlable ou la répétition d'actions stéréotypées.

Les divers vécus traumatiques

Il existe trois cas possibles de vécu psychotraumatique.

La mort me concerne

« Cette fois, c'est sûr, je suis mort. »

Exemple : l'accident.

Alain roulait à faible allure à la nuit tombée et, d'un seul coup, il est aveuglé par la lumière d'un phare très puissant. Une moto fonce sur lui. Il est pétrifié et se souvient d'avoir pensé : « Cette fois, ça y est, c'est sûr, je vais mourir. » Et, l'espace d'une seconde, il associe cette image à un souvenir d'enfance, quand il apprenait à faire du vélo. Il est paralysé, regarde bêtement la manœuvre du motard qui tente de l'éviter et qui effectivement fera une chute spectaculaire quelques mètres plus loin. Des témoins appellent les secours. Alain, lui, est anesthésié et reste collé à son volant : il a vu sa propre mort et a été envahi par une peur extrême.

La mort concerne l'autre

Exemple : une passante entend un cycliste se faire renverser.

La maman de Clémentine marche tranquillement sur le trottoir et regarde au bout de la rue sa fillette à vélo prendre un virage et disparaître de sa vue. Elle entend soudain le bruit d'un énorme poids lourd qui se rapproche suivi de celui de la chute de la bicyclette de Clémentine. La maman est terrorisée et pense : « C'est sûr, Clémentine est morte. » Quand elle arrive, tremblante, à la hauteur du camion arrêté après le virage, elle voit le chauffeur qui sanglote la tête entre ses mains en répétant : « Je l'ai tuée, je l'ai tuée. » Sur le trottoir, Clémentine pleure à chaudes larmes : « J'ai cassé mon vélo, c'était mon cadeau de Noël. » Elle avait en fait réussi à sauter au dernier moment de son vélo sur le trottoir. La bicyclette était déchiquetée. Depuis, la maman, qui est restée longtemps obsédée par cette image, jusqu'à en perdre le sommeil, pense qu'un miracle a sauvé sa fille et Clémentine préfère rouler sur les petits chemins de campagne.

La mort est un spectacle horrifiant

« Cette fois, c'est sûr, ils sont morts. »

Exemple : L'histoire de Marie-Rose, arrivée quelques minutes après un attentat, et qui voit les cadavres mutilés à terre.

« Je suis originaire du Burkina Faso et à l'époque je faisais encore mes études à Paris. Le 25 juillet, je me promenais le long des quais de la Seine, il faisait beau. Arrivée à la hauteur du boulevard Saint-Michel, j'ai vu des gens sortir du métro en sang ou brûlés au visage. Jusqu'à l'arrivée des secours, je me sentais totalement impuissante et paralysée. Quand les équipes médicales ont été sur place, au bout de quelques minutes, consciente de la situation d'urgence, j'ai proposé de les aider. Je suis arrivée sur le quai du RER Saint-Michel, une épaisse fumée noire m'empêchait de voir à plus d'un mètre.

« Je n'oublierai jamais cette descente aux enfers, cette impression de mort, avec des cris, et, surtout, ces corps immobiles au sol, les membres déchiquetés ! Ces images sont souvent revenues dans mes cauchemars la nuit, mais pendant la journée aussi dès que j'entendais des sirènes d'ambulance.

« En voyant les gens sur le quai, je me disais : "Ils sont morts, c'est sûr, ils sont tous morts." J'ai réussi à aider quelques personnes à rejoindre la sortie et le café transformé en hôpital de fortune.

« Je m'en veux encore parfois parce que je pense que j'aurais pu peut-être sauver davantage de blessés. Mais tout était tellement incroyable : je descendais les marches de l'escalier de l'enfer… en pensant qu'il fallait vite en finir. Je ne sais pas pourquoi mais à chaque fois que je descendais dans le métro je fredonnais une comptine burkinabée que me chantait autrefois ma mère. C'était comme si j'étais extérieure à ce que je voyais ou ne voulais pas voir. La mort est un spectacle horrifiant, terrifiant. »

La problématique du diagnostic de l'état de stress post-traumatique (ESPT) face aux classifications

Une classification a le mérite d'exister sans pour autant couvrir l'ensemble des traumatismes psychiques. Par exemple, les états de stress post-traumatiques moins sévères, dits mineurs ou incomplets, manquent dans la classification américaine du trouble de l'état de stress post-traumatique.

Cependant, l'intérêt de la liste est de montrer les divers assemblages possibles entre les critères répertoriés et, ainsi, de rendre compte de la variété des diagnostics posés dans la pratique. Toutefois, dans cette constellation de critères, ceux qui ont trait à la modification de la personnalité après l'impact du traumatisme sont absents. *Noboby's perfect…* Cette critique ou réserve faite n'enlève rien à l'intérêt clinique de toute classification.

La problématique de l'impact (sur la personne)

Pour arriver à comprendre l'« impact » d'un événement traumatique sur une personne, il faut prendre en compte son histoire personnelle, le sens qu'elle va pouvoir donner à ce qui lui est arrivé et sa relation aux autres.

• *L'histoire du sujet* : il se trouve parfois que dans l'histoire personnelle, et donc singulière d'un individu, des expériences de traumatisme ont déjà été vécues, semblables ou différentes. Il est important de les connaître : leur répétition joue forcément un rôle majeur sur la façon dont la personne va faire face, réagir et surmonter un nouvel événement blessant.

• *Le sens du traumatisme* : pour intégrer un traumatisme psychique, il faut lui trouver un sens. Un événement traumatique réussira alors à s'inscrire dans un ensemble plus ou moins cohérent au lieu de rester isolé, hors de portée de toute intégration possible. Le sens permet de passer de l'incommunicabilité du traumatisme à sa restitution par un récit, de l'individuel au collectif, d'un point isolé à une trajectoire identifiable pour que la personne continue à se développer « normalement ».

• *La relation aux autres* : après un traumatisme, le sujet recherche son appartenance à la communauté des hommes. Il ne veut et ne doit surtout pas se sentir exclu. Chaque lien devient précieux après un événement traumatique annonçant parfois les prémices d'un mieux-être.

J'ai rencontré Guénola lorsqu'elle avait vingt et un ans. Elle est venue me voir seule pour « régler, m'a-t-elle dit, des problèmes d'anxiété ». Guénola est fille unique, fruit d'une union passionnelle entre deux comédiens aspirés par leur carrière professionnelle. Trop vite livrée à elle-même, Guénola, élevée à la campagne, passe son temps chez le nouveau voisin, Jacques, un chef d'orchestre, qui possède un énorme avantage sur ses parents : il est toujours là, lui !

Jacques vit seul. Il est drôle, charmeur, il a un charisme extraordinaire et adore partager ses connaissances avec qui veut bien les entendre. Lorsqu'il est arrivé à Beaumont, Guénola avait dix ans et ses parents étaient ravis de ce « partage éducationnel ». Ce qu'ils ne savaient pas ou n'ont pas voulu voir, c'est que pendant quatre ans la toute jeune fille sera abusée par ce charmant voisin, jusqu'à son entrée en seconde dans un lycée, en internat. Elle n'a jamais rien dit de ce qui lui était arrivé parce qu'elle se sentait si seule qu'elle trouvait en allant voir Jacques une présence, quelqu'un enfin qui s'intéressait à elle. « J'étais sa princesse », me dit-elle aujourd'hui.

L'ambivalence caractérise parfaitement l'état dans lequel elle était à l'époque : Jacques lui apprenait tant de choses… tout en abusant d'elle régulièrement. Une histoire terrifiante mais peut-être pas sans espoir !

Sans violence apparente, cette liaison « forcée » entre un adulte et une enfant se déroulera avec le « consentement de la victime », d'où la culpabilité de Guénola et son trop long silence. Ses parents ne sont toujours pas au courant de ce qui lui est arrivé. Leur fille vit loin d'eux et de leurs avatars professionnels : « Aucune attention, seulement des liens superficiels et financiers. » Elle a recouvert ses blessures avec Nicolas, son petit ami, et termine ses études dans une école de journalisme à Paris. Elle a passé un an comme stagiaire à Mezzo, la chaîne musicale, et pense se consacrer à la réalisation de portraits de musiciens. Elle a enchanté l'équipe par sa vivacité, son intelligence et ses connaissances « encyclopédiques du monde de la musique classique et contemporaine ». Un beau pied de nez à la vie !

Beaucoup de gens font de magnifiques pieds de nez à la vie, rebondissent après avoir vécu des événements terribles. Mais certaines blessures restent sensibles et demandent, pour ne pas se rouvrir, que l'on soit capable de déployer une énergie folle. Quand le courage s'épuise, que la personne résiliente est à bout de souffle, elle peut tout simplement s'effondrer.

Cinquième clé

Résilience et effondrements psychologiques tardifs

Georges Perec a construit une mosaïque. Vous êtes peut-être étonné de l'information, que l'on puisse parler de lui comme d'un artiste constructeur alors qu'il était écrivain ! Mais Perec avait une particularité : c'était un homme de petits damiers, de brisures, de traits minuscules mis en fiches, en schémas, jusqu'à l'obtention d'une fresque, l'« histoire de sa vie », avec ses trous et ses temps pleins. On l'a dit aussi « romancier de la psychanalyse ». Il a vécu plusieurs années en Tunisie et je me plais à imaginer qu'il aimait aller contempler les mosaïques du musée du Bardo et s'inspirer de ce travail monumental qui repose en partie sur l'absence : il manque des bouts, il faut les réinventer, chercher dans des documents, ramasser des tesselles[1] sur les rivages de Carthage, faire confiance aussi à l'intuition. L'œuvre de Perec est ainsi faite, c'est un recueillement. Il recueille tous les détails possibles sur le quartier de son enfance, sa rue Vilin[2], dans le XXe arrondissement de Paris, pour lui-même se « recueillir » et travailler sur le temps. Se rassembler et entretenir la mémoire de ses parents

1. Petits carreaux multicolores qui composent les mosaïques.
2. Voir le film documentaire réalisé par Robert Bober, dix ans après la mort de Perec, *En remontant la rue Vilin* (Forum des images).

disparus dans une rafle pendant l'Occupation (et à qui il n'a jamais pu dire « adieu ») est la colonne vertébrale de son œuvre. Il est revenu de façon systématique sur les lieux qui lui ont été volés, notant régulièrement leurs transformations… jusqu'à écrire, dans une apparente légèreté, ce troublant *Je me souviens* dont tout le monde s'est emparé tant il est réjouissant de partager le souvenir d'une pub, de se rappeler le temps où les téléphones étaient en bakélite et où l'on chantait « Avec le temps, oui, tout s'en va, même les plus chouettes souvenirs… ». Boris Cyrulnik[1] a relevé cette phrase de Georges Perec[2] : « JE VAIS LE DIRE, poussé par une nécessité impérieuse, persuadé que les événements dont j'ai été témoin doivent être mis en lumière. » Il a connu un terrible traumatisme, celui d'être « sans famille ». Il en a retiré un sens de l'Histoire, et une œuvre qui l'a aidé à vivre, puisque tous ses amis répètent à l'envi qu'il était un homme plein de rires, de fêtes et de danses.

Il faudrait toujours pouvoir exprimer sa souffrance, penser JE VAIS LE DIRE et le faire, parce que le silence joue contre la résilience. On connaît le poids de ces secrets de famille trimballés de génération en génération et qui un jour, chez un descendant plus fragile qu'un autre, vont se traduire par de terribles désordres… Parce que le temps joue aussi contre les réparations. Dans les faits, on esquive généralement le récit douloureux des émotions ressenties lors d'un drame. Nous avons déjà noté la nécessité d'être « autorisé à dire » et il faut bien constater que notre société n'aime pas vraiment ce genre de prise de parole. Elle admire les êtres héroïques mais n'a pas envie de savoir dans le détail la nature même de ce qui les a rendus exception-

1. Dans *Un merveilleux malheur, op. cit.*

2. Georges Perec, dans *W ou le souvenir d'enfance*, Paris, Gallimard, coll. « Folio », 1993, et *Je me souviens*, Paris, Hachette Littératures, 1978.

nels ; or, il se trouve que c'est souvent un traumatisme !

Pour l'individu en résilience, parler « vrai » est très difficile, presque impossible. Comment partager une souffrance avec des personnes qui ne l'ont pas vécue ? Condamnés à un silence « émotionnel », les souvenirs traumatiques des êtres en résilience, avec le temps, se remanieront, mais pas toujours de façon positive.

Le temps efface le souvenir mais renforce la mémoire par un procédé de refoulement. Georges Perec écrivait : « Mes espaces sont fragiles ; le temps va les user, va les détruire : rien ne ressemblera plus à ce qui était, mes souvenirs me trahiront, l'oubli s'infiltrera dans ma mémoire, je regarderai sans les reconnaître quelques photos jaunies aux bords tout cassés[1]. » La mémoire est ce qui laisse dans le présent une empreinte mais sans la marque du souvenir, devenu inconscient : il manque des bouts, l'histoire est fragmentée. Ce mode d'archivage du souvenir traumatique, sous forme de blessure, isolera l'être dans un silence qui se transformera petit à petit en amnésie partielle. Le « trou émotionnel », créé par l'incommunicabilité du traumatisme, installera progressivement une fragilité insoupçonnable extérieurement. Puisque notre ami résilient a su aller au-delà de son drame et rebondir, faire des projets, manifester souvent de fortes aptitudes à l'humour, à la banalisation, on peut penser qu'il va bien. Mais, un jour, un événement révélateur, souvent éloigné de la source du premier mal, peut désorganiser la structure psychique profonde de l'être en question, qui se sentait déjà blessé sans se rappeler pourquoi. C'est vous, c'est moi. Les autres commenceront à trouver que quelque chose ne tourne pas rond : « Il se plaint toujours », « il a l'air malheureux, pourtant, il a tout ce

1. Georges Perec, dans *Espèces d'espaces*, Paris, Galilée, 2000.

qu'il faut », « elle est souffrante en ce moment, je ne sais pas ce qu'elle a ». « Jamais content, carrément méchant », chante Souchon. Et, soudain, c'est l'effondrement, la dépression, les conduites addictives et la tentative de suicide. Comme un château de cartes soufflé par une brise, les « garde-fous » s'effondrent à nouveau.

Les mécanismes de défense sollicités par un nouvel accroc qui rappelle un souvenir refoulé peuvent se montrer inefficaces, même à des années de distance du traumatisme. Le danger de l'empreinte du souvenir oublié est de réactiver tout un système émotionnel en souffrance potentielle, au repos. Beaucoup de cas d'effondrements psychiques tardifs viennent malheureusement confirmer cet état de fait : la gravité de la trace.

Quand Marie est venue me voir, elle était en proie à une grande anxiété. Elle venait juste de déménager, et le sol semblait se dérober sous ses pieds. Elle me raconte : « J'ai déménagé il y a dix ans avec mon petit ami du moment. Nous étions épuisés, crevés de porter des cartons, et nous avions décidé de faire une pause, d'aller boire un verre chez Pierre, un de ses copains qui habitait le XIIIe. En arrivant, comme il n'y avait pas de place de stationnement juste à côté, mon amoureux me dit : “Écoute, monte, je vais bien finir par trouver un endroit pour me garer.” Je monte et c'est là que se produit l'inimaginable : à peine entrée, je suis agressée et violée par le fameux Pierre. État de choc : tout a été si rapide, si inattendu et si violent que je n'ai jamais pu dire à mon ami ce qui venait d'arriver. Ni à lui, ni à personne, d'ailleurs. » Le temps passe, Marie a enfoui ce traumatisme douloureux et s'est mariée. Puis, avec son mari, des années plus tard, elle déménage et s'effondre. En revivant la même situation, un changement de lieu, les cartons, etc., les événements du passé ont resurgi et Marie est complètement perturbée dans sa sexualité. Elle ne supporte plus non seulement d'être touchée par son conjoint mais tout simplement de le voir, de sentir sa présence ! C'est un cas d'effondrement psychique tardif : ce qui l'a sauvée, c'est d'en parler, au cours d'une thérapie et dans un film. Son métier de réalisatrice lui a permis de transposer à l'écran sa terrible histoire.

Né en 1919 à Turin, Primo Levi termine ses études de chimiste au moment où éclate la Seconde Guerre mondiale. Arrêté en décembre 1943 pour acte de résistance, il sera déporté en 1944 dans le camp d'extermination d'Auschwitz, en tant que « citoyen italien de race juive ». Primo Levi y restera jusqu'à la libération du camp en janvier 1945 par l'armée soviétique.

Son seul projet de vie, écrit-il, aura été de témoigner : « survivre dans le but précis de raconter les choses auxquelles nous avions assisté et que nous avions subies ». Pour parvenir à cet exploit, la survie, Primo Levi raconte que « ce qui a peut-être également joué, c'est la volonté que j'ai tenacement conservée, même aux heures les plus sombres, de toujours voir, en mes camarades et moi-même, cette démoralisation totale qui pour beaucoup aboutissait au naufrage spirituel ».

Primo Levi parvient à exprimer le cœur du parcours résilient qui consiste à suivre avec une extrême lucidité un chemin de lumière, pour ne pas plier, ne pas rompre définitivement avec la vie. Il ajoutera que l'acte d'écrire son livre *Si c'est un homme* répondait à un besoin élémentaire : « C'était avant tout en vue d'une libération intérieure. » Dire pour vivre libre…

Il dirigera une entreprise de produits chimiques, se mariera, aura deux enfants, et mènera une vie apparemment normale. Dès son retour d'Auschwitz, il a commencé à rédiger le journal de sa déportation, édité en 1947, qui deviendra l'un des premiers témoignages sur l'horreur concentrationnaire. Il écrira par la suite de nombreux autres ouvrages.

Quarante ans plus tard, Primo Levi, incontestablement résilient face à son traumatisme, a mis pourtant fin à ses jours après avoir écrit *Les Naufragés et les rescapés*, un ouvrage pessimiste et sombre, comme il l'était lui-même, en 1987.

Les ruptures de résilience

Tout modèle a ses limites, et le modèle de la résilience comme les autres. Nous sommes bien obligés de nous interroger : d'où viennent ces failles qui ont été masquées, ces dénis que l'on peut observer ? Y aurait-il une zone d'ombre ? La réponse des spécialistes, pour l'instant, est qu'il semblerait que le résilient, après avoir abattu des montagnes pour retrouver un certain équilibre, pourrait, au fil des années, renouer avec une vulnérabilité interne. C'est comme si une immense fatigue succédait à l'effort surhumain d'avoir été toujours et malgré tout un « homme debout ». L'épuisement peut se traduire par des atteintes psychiques et psychiatriques très graves (psychopathologiques) : des troubles anxieux et des syndromes dépressifs dont la forme mélancolique mène souvent au suicide. À partir de ce constat d'effritement de l'état psychique de l'être résilient, il faut admettre tout simplement que l'individu ne peut être résilient à tout et tout le temps. C'est la qualité des liens avant et après le traumatisme qui détermine aussi la mise en place du processus de réparation.

Le problème, dans la rupture partielle ou totale d'une résilience, concerne l'après-traumatisme puisque l'individu doit continuer à se développer « normalement » et dépasser ses blessures en s'appuyant aussi sur son environnement. La fonction que doit remplir l'entourage, pour aider l'être cher ou ami à absorber le traumatisme, ne doit pas être de l'ordre de la contemplation admirative (« avec tout ce qu'il/elle a vécu, quelle force exceptionnelle ! ») mais de la compréhension et de l'intervention. Pas simple ! L'admiration, bien compréhensible pourtant, induit un effet paradoxal de repli émotionnel, parce qu'il est impossible de partager le traumatisme.

« Comment pourraient-ils comprendre... Ils n'étaient pas là », disent les rescapés ou les naufragés de la vie.

Quand on regarde sa vie et les difficultés qu'il a dû surmonter, on ne peut qu'affirmer avec certitude : « Pierre était un résilient. » Pierre grandit dans une famille pauvre où le travail compte plus que tout. Il est l'aîné des enfants et accède, si l'on peut dire, aux privilèges du savoir. Mais ce genre de privilège tourne court quand il n'y a pas d'argent dans un foyer. Il finira ses études avec un CAP d'ajusteur-tourneur.

Il a quinze ans quand il démarre sa carrière professionnelle dans une usine textile. À dix-sept ans, après avoir réussi le concours d'entrée à la SNCF, il rejoint la Résistance en pleine Seconde Guerre mondiale. C'est à la Libération qu'il commence vraiment à travailler à la SNCF. Il adore les trains, le militantisme, la défense des grandes causes sociales ! Après le syndicalisme, il est entré à la SFIO (Section française de l'Internationale ouvrière) et la politique l'amène tout naturellement à rencontrer son tuteur de développement, Pierre Mendès France, au PSU (Parti socialiste unifié). Pierre restera dans l'ombre prestigieuse du grand homme pendant une dizaine d'années.

Entre-temps, sa carrière professionnelle n'a cessé d'évoluer. D'études en formations, de formations en concours, il fera encore ses armes dans un autre établissement public, Gaz de France.

En 1979, Pierre sera nommé au Conseil économique et social et trouvera en la personne de François Mitterrand un nouveau modèle au Parti socialiste.

Dès l'élection de François Mitterrand à la présidence de la République, en 1981, l'ascension de Pierre sera vertigineuse : il occupera les postes de secrétaire général à la présidence, de ministre des Affaires sociales et de la Solidarité nationale, de ministre de l'Économie des Finances et du Budget puis enfin de Premier ministre, dix ans plus tard.

Ce fils d'une famille fort modeste a su damer le pion à tous les enfants de bonne famille bardés de diplômes ! Malheureusement, la belle histoire s'arrête là, devant les trains. Tout petit, sa grand-mère se plaisait à lui enseigner « un sou est un sou ». En pleine campagne électorale de 1993 éclate le scandale d'un prêt que lui a accordé sans intérêts Roger-Patrice Pelat, un proche de François Mitterrand. Le battage médiatique l'atteint en plein cœur. Pour Pierre, être traîné dans la boue est insupportable, surtout après la défaite de son parti aux élections dont il s'attribuera l'entière responsabilité. Son honneur a été bafoué, lui, un homme au destin exemplaire. Quelques minutes avant de se donner la mort, il demande à son chauffeur de l'arrêter à la gare de Nevers : juste pour regarder les trains… Épilogue d'un conte de fées « défait ».

À Pierre B.

DEUXIÈME PARTIE

« Aux armes, citoyens... »

Alors, me direz-vous, avec un sourire narquois peut-être, *concrètement*, que peut-on faire pour aider les enfants, les adolescents et les adultes qui souffrent ? Quand faut-il agir, qui est le plus apte à intervenir et avec quelles armes ? Et si tous ces beaux discours n'étaient que du vent ? Si l'idée de réparer le malheur avait ses limites ? Sur un mur d'immeuble devant lequel je passe souvent, à hauteur de la petite place Fréhel, s'étale, dans une belle écriture d'écolier, un texte blanc sur fond noir : « Je me méfie des mots. Ben, 93[1]. » Ben me nargue et me remet quotidiennement en question, moi dont les instruments de travail sont les mots ! Comme je/nous aimerions échapper au doute et ne pas nous interroger, par exemple, sur l'intérêt et les limites de ce magnifique concept de résilience ! J'avoue que j'ai un secret : dans mes moments de défaillance, d'hésitation, il y a un récif auquel je m'accroche comme un naufragé à son radeau. J'en suis redevable à Emmy Werner, dont nous avons évoqué les recherches. Ses enquêtes prou-

1. Il s'agit de Ben Vauthier, artiste peintre, provocateur, auteur de nombreux ouvrages, dont un très subtil album sur *L'Ethnisme de A à Z (pour un nouvel ordre mondial)*, Nice Z'Éditions, 1999.

vent que quelles que soient les difficultés qu'ils ont à affronter – pauvreté, violence, inceste – un tiers des enfants seront toujours sauvés. Alors pourquoi ne pas partir du principe que si un tiers des enfants/adolescents victimes de traumatismes s'en sortent, cela veut dire que nous pouvons tenter d'aider tous les autres ? Visiblement je ne suis pas le seul à tenir ce raisonnement et à vouloir relever le défi : le monde médical change, se préoccupe de plus en plus des conséquences des traumatismes et de leurs résonances sur le corps et le mental. En France, grâce à Xavier Emmanuelli, président du SAMU social, ont été créées les « cellules de soutien psychologique », présentes sur tous les lieux de drames. Dans la société civile, les victimes de catastrophes se regroupent au sein d'associations pour faire reconnaître leurs droits et dépasser leurs traumatismes. La maltraitance, les situations incestueuses sont dénoncées devant les tribunaux. La société tout entière a besoin que l'on porte un regard différent sur « ses blessés »... même si la communauté elle-même des chercheurs, des cliniciens, a appris aussi, après trente années d'investigation, à se modérer, à nuancer ses propos sur les réussites de la résilience.

Ces doutes, mais ces espoirs aussi, étant exprimés, passons aux choses sérieuses ! Observer les mécanismes de résilience en est une, nous l'avons fait ; les susciter en est une autre que nous avons déjà un peu effleurée, à travers les « histoires de vie » que je vous ai confiées. Ces mécanismes sont, nous l'avons dit, potentiellement présents en chaque individu. L'être humain, avant d'être frappé par une catastrophe, est comme une terre en jachère qu'il faudra, le choc survenu, retourner et ensemencer après son long endormissement. Il faut booster[1] tous les processus de protection, les actionner quand ils tardent à émerger

1. De *to boost*, en anglais : soulever par-derrière.

chez la personne traumatisée, ou veiller à leur bon développement s'ils sont déjà en place.

Dans la seconde partie de cet ouvrage, nous allons voir comment agir, en sachant, d'ores et déjà qu'il y a deux pistes possibles pour favoriser l'émergence des mécanismes de résilience : avant le traumatisme, en amont, c'est la prévention en « milieu à haut risque » ; après le traumatisme, en aval, c'est la prise en charge au long cours.

La plupart des travaux sur la résilience qui insistent sur l'importance chez l'enfant ou l'adulte de leur adaptabilité et de leur autonomie, de leurs capacités de mentalisation et de leur talent pour trouver du soutien dans leur épreuve (tuteurs de développement). C'est un premier point d'appui que nous avons déjà détaillé. Mais surveiller la mise en place des mécanismes de protection ou les aider à émerger ne signifie pas du tout que nous devons annuler la souffrance éprouvée par l'être traumatisé. Elle est « normale ». Il faut la vivre et la dire (JE VAIS LE DIRE, dixit Georges Perec), sinon, le processus de résilience qui est en cours se figera comme un masque recouvrant une douleur psychique négligée. « Lorsqu'on croit en avoir fini avec son passé, c'est votre passé qui n'en a pas fini avec vous[1]. »

Pour les personnes ayant subi des traumatismes psychiques, l'objectif principal des professionnels sera d'accompagner sans jamais se substituer. Avec le temps, elles trouveront la voie à suivre en fonction de leur vécu, grâce au soutien d'un tuteur mais aussi avec l'aide de certaines techniques psychothérapeutiques. Ces méthodes de reconstruction psychologique visent à rétablir une harmonie du corps et de l'esprit chez des individus meurtris au plus profond d'eux-mêmes. Par la communication retrouvée, la parole

1. Réplique extraite du film *The Hours*, de Stephen Daltry, sur Virginia Woolf.

par le récit offrira une perspective d'évolution favorable vers un mieux-être.

Pour les personnes identifiées « à haut risque », les programmes dits de prévention se multiplient, nous les aborderons. Ils s'élaborent en milieu scolaire et extrascolaire quand il s'agit d'enfants et d'adolescents. Les soutenir tout en renforçant leurs mécanismes psychiques protecteurs est une démarche qui semble trouver l'adhésion d'un grand nombre de professionnels. Pour chaque univers de résilience (famille, école, communauté) seront recherchées les armes de défense adéquates et les meilleures actions à mettre en place.

Les prises en charge psychothérapeutiques utilisent différentes techniques qui se révèlent efficaces dans le traitement des traumatismes, nous les développerons également. Enfin, un volet éthique s'attachera à éveiller notre responsabilité face aux personnes qui n'ont pas d'autres choix que d'être en résilience permanente.

Tout l'intérêt du concept de résilience réside dans le fait que jamais la personne n'est regardée comme un « objet » à réparer, mais toujours comme un être humain en devenir ; il suffit de l'armer. Avant d'aller plus loin, je voudrais, histoire de chambrer Ben, mon artiste peintre iconoclaste, vous rappeler les premières paroles d'« Utile », une chanson d'Étienne Roda-Gil, mise en musique et interprétée par Julien Clerc, qui sont un appel à être « utile à vivre et à rêver ».

Sixième clé

Résilience et famille

J'ai entendu récemment dans une interview rediffusée à la radio la comédienne Simone Signoret répondre à une question sur les rencontres importantes de sa vie. J'ai été troublé par ses paroles formulées avec la voix intense et le style direct qui lui étaient si personnels et à nous si familiers : « Ma première rencontre importante, disait-elle sans hésitation, ça a été ma mère. C'est elle qui m'a tout appris, ce qu'il fallait faire et ne pas faire, ce qu'il fallait dire ou ne pas dire... » Puis je me suis éloigné de la voix en restant un instant songeur sur ce compliment à la fois magnifique et effrayant puisqu'il exprime une immense gratitude mais sous-entend aussi la vertigineuse responsabilité des familles – et en particulier des mères – dans l'éducation des enfants. De là à les culpabiliser en cas d'échec, il n'y a qu'un pas. Je n'ai pas envie de le franchir car je sais que chaque histoire est singulière et qu'il y a souvent des chaînes à rompre : on peut avoir beaucoup de mal à devenir de bons parents si on a été soi-même, par exemple, livré à l'abandon. Mais l'inverse est aussi possible. Alors ? De par mon expérience professionnelle, je peux simplement affirmer qu'un enfant, quel que soit son âge, ne peut devenir seul un résilient. Il a besoin de s'appuyer et d'être encouragé par son environnement affectif immédiat, sa famille, lorsqu'elle existe. Et j'ajouterai qu'il est aussi possible d'aider une famille à devenir résiliente, à la « faveur » d'un traumatisme vécu par l'un de ses membres...

De nombreuses recherches américaines et européennes ont défini les caractéristiques familiales qui, à la suite d'une situation à haut risque, interviennent dans la mise en place d'un processus résilient chez l'enfant ou l'adolescent. Les résultats des recherches – certaines sont encore en cours – ont démontré qu'il existait bel et bien des familles résilientes et identifiables. Elles ont une structure dynamique qui leur permet de développer des qualités qui stimulent directement les capacités et les ressources de résilience. Concrètement, ces familles apportent à leurs enfants une sécurité, une bonne qualité de relations et un soutien affectif indéfectible[1].

Comment définir une famille résiliente ? La famille résiliente serait capable de s'adapter et d'aimer, en évoluant positivement dans le temps, surtout lorsque l'un de ses membres a connu ou subi un coup très dur. La capacité d'adaptation familiale se forgera alors au cas par cas ; la famille, équilibriste elle aussi, recherchera toujours à faire la balance entre ce qui peut être bon et ce qui peut être mauvais, dangereux pour celle/celui qu'elle cherche à soutenir. En d'autres termes, si un enfant ou adolescent a vécu une expérience qui l'a confronté avec l'idée de la mort, quelque chose de brutal ou durable qui l'a totalement déstabilisé, si cet être est aimé, si sa famille sait le guider, le laisser doucement se reconstruire, il est en résilience.

J'ai le souvenir qu'après mes premières semaines de vie où je rejetais tout ce que j'absorbais (sauf le

1. Pour davantage de détails sur les facteurs de protection, consultez la recherche menée par Ann S. Masten et John D. Coastworth, « The development of competence in favorable and infavorable environments... », art. cité.

roquefort !), et après mon accident de voiture où j'avais été également gravement atteint à l'abdomen, ma mère m'a toujours laissé manger ce que je voulais. Pendant des années, mon repas du soir s'est souvent limité à un œuf, un soupçon de roquefort et une orange, selon la saison ! Jolie marque d'adaptation familiale, non ? Ce qui est certain, c'est que cette compréhension maternelle m'a protégé et m'a autorisé à vaincre mes blocages à mon rythme. Et c'est aussi, sans aucun doute, parce que j'ai gardé la mémoire de mes premiers jours qu'aujourd'hui l'une de mes spécialités professionnelles est de suivre les personnes atteintes de troubles alimentaires.

Dans une pareille configuration, soutenir signifie aimer dans le partage. Le traumatisme partagé au sein de la famille diminue l'impact négatif du sentiment d'être incompris. Par la parole, l'échange émotionnel, les célébrations, les rituels, et même les prières, dans les familles croyantes, on enregistre une diminution sensible de l'anxiété liée au traumatisme.

En cas de choc, la famille réalise instinctivement, en protégeant « le plus faible », une dynamique positive d'amour, tout en dirigeant rapidement son ou ses membres vers le monde extérieur. La capacité de réintégration relèvera ensuite de la faculté qu'aura cette cellule familiale à supporter les tempêtes, les crises et les privations. La famille résiliente créera un environnement stable qui se transformera peu à peu en bouclier protecteur.

Les processus protecteurs familiaux

Mieux en famille, mieux avec soi-même !

L'ensemble des études autour des facteurs impliqués dans les processus protecteurs familiaux ont démontré qu'il existait bien des caractéristiques positives dans les familles résilientes.

Premièrement, les relations entre parents et enfants sont équilibrées. Une bonne lisibilité des rôles des parents et des enfants renforce l'évolution positive familiale : chacun doit être à sa place, le père à la place du père, la mère dans le rôle de la mère, et l'enfant dans le sien. Il arrive que l'ordre soit bousculé à la suite d'un traumatisme – une séparation familiale, par exemple – et que l'enfant prenne en charge la souffrance de l'un ou des deux parents (phénomène de l'« adultisme »). Il n'est plus dans son rôle. Pour dépasser l'événement, il sera nécessaire, par une thérapie familiale par exemple, de rétablir chaque individu dans sa fonction.

Deuxièmement, la lisibilité des rôles de chacun nécessite la mise en place explicite de règles, comme la discipline, pour le bien-être des enfants. La discipline offre un cadre, une structure qui a pour but de conduire au mieux l'éducation et de guider tout son petit monde avec bienveillance. Dans le cadre familial, la bienveillance représente la capacité potentielle à défendre sa progéniture envers et contre tout ! C'est un sentiment que ressentira l'enfant et qui l'apaisera.

Troisièmement, l'ouverture vers l'extérieur est fondamentale pour l'équilibre de l'enfant/adolescent. Comme un chat échaudé craint l'eau froide, un petit traumatisé (petit ou adulte, d'ailleurs !) pourra avoir l'angoisse du monde extérieur et des autres : « Ils sont dangereux ! » Il faudra le rassurer, le pousser à sortir de la maison, à s'inscrire dans des groupes sociaux différents, à rencontrer de nouveaux mentors qui pourront, s'ils sont bien choisis, se montrer très bénéfiques pour dépasser un état de grande souffrance. Nous aurons l'occasion de reparler de l'importance de l'extériorité.

Voici l'histoire de Frédéric telle qu'il me l'a racontée. Tout petit déjà…

« Dès mon entrée en primaire, j'ai compris que mon retard de croissance devenait un problème dans mes relations avec mes camarades. J'étais fils unique et je ne manquais ni d'attention ni d'amour à la maison, mais, c'était un fait, je ne grandissais pas. Je n'avais pas la taille des enfants de mon âge. Au collège, j'étais de plus en plus souvent ridiculisé par les autres, et à la maison de plus en plus triste. Je me souviens que j'étais si mal, parfois, que je voulais disparaître… Mes parents décidèrent de m'emmener consulter un psychothérapeute. Au bout de quelques mois, ma joie de vivre est revenue et surtout j'ai appris à me défendre. C'est à ce moment-là que j'ai découvert le théâtre.

« À Tours venait de se constituer une troupe théâtrale qui ne travaillait que sur l'improvisation. J'ai réussi à entrer dans le groupe, leur credo m'allait comme un gant. Et, en même temps que je découvrais la passion des planches, mes complexes s'envolaient ! Je n'étais plus seul, j'avais mes copains de théâtre, et grâce à leurs conseils, rapidement, en classe, je devins le roi de l'humour et de l'ironie…

« J'avais quinze ans quand notre spectacle fut remarqué par des professionnels qui nous ont poussés à présenter à Paris notre performance, dans le cadre de la Ligue d'improvisation. À cet instant précis, j'ai décidé que le théâtre d'improvisation serait désormais ma “vie”. J'ai réussi à retourner une situation, à faire en sorte que ce handicap de croissance devienne la force de mon style comique. Pour moi c'est incroyable d'avoir parcouru un tel chemin : jamais je n'aurais pensé pouvoir m'en sortir après avoir subi tant d'humiliations ! Mes parents m'ont toujours soutenu dans mes projets, et, lors de mon dernier spectacle parisien, ma mère m'a dit qu'elle ne m'avait pas vu grandir… »

Finalement, l'idée de mettre en place des processus protecteurs à l'intérieur des familles ira de soi, dès l'instant où l'on intégrera qu'un enfant ne réussira sa « renaissance » qu'avec l'aide de ceux qui l'aiment.

Il est indispensable d'instaurer subtilement des règles, d'édifier des remparts et de mettre en place des soutiens dans le milieu familial. À chaque adulte le choix de prendre ou non sa place pour favoriser le mieux-être de l'enfant blessé. Cela suppose de la disponibilité et de l'énergie, en quantité et en qualité ; il est clair que, si se surajoutent à un événement qui a été traumatisant pour l'un des membres de la famille d'autres problèmes, d'ordre économique ou de santé, il sera difficile, pour les parents notamment, d'assurer sur tous les fronts.

Les familles résilientes réussissent à combiner plusieurs « techniques de réparation » chez l'enfant traumatisé. Par exemple, chaque membre de la famille – parents et enfants – essaiera de s'impliquer pour aider l'enfant en difficulté. Il ne suffit pas de dire : « Tu ne devrais pas tout le temps faire cela », il faut aussi comprendre pourquoi l'enfant agit ainsi et lui proposer quelque chose pour remplacer « cela » : c'est ce que l'on appelle le renforcement positif.

Le renforcement positif

Le renforcement positif est une action qui maintient et augmente l'apparition d'un comportement souhaité ; il fait partie des thérapies cognitivo-comportementales. Elles sont issues des études que le savant russe Ivan Pavlov a menées au début du XXe siècle sur les réflexes conditionnés, puis des travaux élaborés par les psychiatres Albert Ellis et Aaron T. Beck, dans les années 1970.

Les techniques comportementales ont pour objectif la désensibilisation graduelle à un stimulus répétitif négatif, donc invalidant.
Ces thérapies brèves tendent à faire prendre conscience au sujet de la place qu'occupent dans son esprit des pensées et des croyances négatives (au sens d'inadaptées) pour les remplacer, progressivement, par des pensées réalistes, en accord avec sa vie ou avec ce qu'il espère que sera sa vie.
Pour que le renforcement positif se mette bien en place, il doit être accompagné d'un système de « récompenses » verbales. Le psychologue/thérapeute encouragera par ses paroles les changements vers le bon comportement et la bonne pensée.
La première étape sera l'identification de ce qui est à modifier. La seconde étape, ponctuée par une « récompense », commence au moment où la personne exprime une motivation, un désir de transformation (tu as compris que ce comportement était mauvais pour toi, je vois que tu as envie de le changer, c'est bien !).
Une grande partie du travail du thérapeute consiste donc à repérer le moment où il est opportun d'encourager la personne et à mesurer le niveau de récompense verbale que mérite l'évolution. Ainsi, la thérapie s'appuiera sur la restauration des renforcements positifs menant au plaisir de se réaliser pleinement et sans entrave.

Les actions qui répondent le mieux aux besoins de l'enfant seront celles qui témoigneront à l'intérieur de la famille d'une **faculté de soutien émotionnel**, tout en sachant que les relations parents-enfants fonctionnent en interaction constante. En référence aux théories sur l'attachement développées par John

Bowlby, la relation de soutien émotionnel sera de bonne qualité si l'enfant possède déjà les caractéristiques favorables. A contrario, si l'enfant est d'une nature renfermée et agressive, la mise en route de cet appui s'avérera plus complexe à élaborer. La relation de soutien émotionnel, pour être efficace et augmenter les facteurs de résilience, demande, de part et d'autre, un équilibre familial antérieur au traumatisme.

Dans ce processus dit « transactionnel », chacun agira sur les autres et réciproquement. Ce climat d'ouverture familiale incitera l'enfant à s'adapter à la situation difficile en développant de nouvelles aptitudes au changement.

L'histoire de Marie est l'une les plus tristes qu'il m'ait été donné d'entendre (ce sont ses grands-parents qui me l'ont racontée). Elle me fait penser à une très vieille maxime de Tarafa al-Bakri, écrivain arabe du VIe siècle : « L'injustice dont on souffre de la part de ses propres parents cause une douleur plus cruelle que le fer[1] ». Marie a douze ans quand elle voit son père quitter sa mère. Un an plus tard, après avoir vécu, « en attendant », chez ses grands-parents maternels, elle rejoint la famille que sa mère vient de reconstituer avec son compagnon, qui a déjà trois enfants.

Dès son arrivée dans son nouveau foyer, Marie est reléguée dans une pièce sombre, en dehors de la maison, qui servait auparavant de remise pour les outils de jardin. Elle n'a que treize ans, mais sans doute le tort d'être l'enfant d'un premier mariage ! Sa mère n'interviendra jamais pour changer quoi que ce soit dans le régime incroyable réservé à sa fille, qui n'a le droit d'être dans la maison principale qu'à l'heure des repas. Terriblement seule, Marie ne peut que se soumettre.

1. Tarafa al-Bakri, *Dîwân*, Paris, Honoré Champion, 1901, 1, 78.

Les autres enfants ne semblent pas choqués par cette situation qui leur permet de ne pas se sentir menacés par la « Marie-couche-toi-là », comme ils l'appellent.

Elle parviendra malgré tout à suivre une scolarité normale sans que pourtant personne n'intervienne en sa faveur ! Pas un enseignant, pas un psychologue scolaire ni un médecin pour la protéger. Seule, Marie est toujours seule. Ses grands-parents, qui ont osé critiquer la vie de leur fille, se voient interdits de visite.

À seize ans, Marie entre dans un internat, à Toulon, où elle rencontre Alain, alors pion dans le lycée. Dès qu'elle est majeure, elle se marie et quitte volontairement sa vie de lycéenne. Elle a deux enfants avec son époux, un homme qui se révèle, en fait, immature. Tout en élevant ses enfants, elle continue ses études par correspondance. Mais elle reste triste, il lui manque quelqu'un qui l'aiderait à grandir, à croire en elle.

Elle décroche un BTS de tourisme et intègre une grande agence de voyages. Très vite, le patron de l'agence, intéressé par la personnalité de Marie et par l'incroyable volonté de cette jeune femme, n'a de cesse de la faire progresser. Alors, Marie commence à reprendre confiance en elle, à décoller de ce passé si lourd à porter, en rencontrant son tuteur de développement.

Puis, comme elle ne se sent pas épanouie dans sa vie de couple, elle décide de partir pour Paris avec ses enfants et fonde sa propre agence de voyages de luxe grâce au soutien financier de son ancien patron.

Aujourd'hui, Marie a refait sa vie avec un homme, éleveur de chiens en région parisienne, dans une magnifique propriété qu'elle a appelée la « maison du bonheur ».

Marie est une résiliente, elle a réussi, envers et contre tout, à tourner des pages et à s'inventer une vie dont elle peut aujourd'hui être fière. Elle a fait face à plusieurs traumatismes, la séparation de ses parents, la maltraitance dans la famille reconstituée par sa mère, l'échec d'un premier mariage. Elle s'est adaptée aux changements et a su aussi les provoquer. Concrètement, chez un enfant, ses aptitudes aux changements renforceront son adaptabilité face aux situations adverses. Ce processus actif, le coping, intervient directement dans l'élaboration de la résilience.

Le coping (vient de l'anglais *to cope*)

Le *Grand Dictionnaire de la psychologie* Larousse définit ainsi le coping : « Processus actif par lequel l'individu, par l'auto-appréciation de ses propres capacités, de ses motivations, fait face à la vie et notamment à une situation stressante et réussit à la maîtriser. »

Le coping est un processus psychologique de réponse à une situation donnée. Il reste perfectible en fonction de la capacité d'apprentissage de l'individu et de son âge.

En cas de stress durable, le coping se révèle efficace ; faire face permet d'éviter la répétition de l'échec qui, elle, peut conduire à baisser les bras dans toute situation difficile, par habitude et fatalisme : « Si j'ai encore un problème, c'est parce que je n'ai pas de chance, alors pourquoi voudrais-tu que je me batte. »

Toutefois, pour évaluer l'efficacité de la stratégie de coping, il faut du temps et de bonnes évaluations cliniques. Par exemple, l'évaluation comportementale d'un enfant demeure un excellent indicateur d'évolution positive dans un contexte

destructeur. Si un enfant est prévenu d'une situation stressante et s'il réussit d'une certaine façon à la contrôler, ses modes de coping, sa combativité n'en seront par la suite que de meilleure qualité.
Le professeur Serban Ionescu (psychiatre, psychologue et professeur de psychopathologie) a identifié quatre catégories de coping :
1. *le coping centré sur l'émotion* : le but à atteindre est de retrouver une position d'équilibre émotionnel face à un contexte déstabilisant ;
2. *le coping centré sur le problème* : la stratégie d'adaptation s'emploie à comprendre pour restaurer un état de bien-être ;
3. *le coping d'évitement (passif)* : ici, la personne mettra en place tout un arsenal de défenses face à un contexte adverse qu'elle ne souhaite pas affronter. Les stratégies d'évitement visent à neutraliser l'état de tension interne.
4. *le coping vigilant (actif)* : ce coping s'oppose au précédent dans le sens où la personne choisit de résoudre par tous les moyens possibles sa situation de manière active.

Regardons maintenant ce qu'il est possible de faire en famille pour donner une chance aux mécanismes de résilience d'apparaître chez un enfant en danger, à haut risque.

Les actions à mettre en place

Les problèmes au sein des familles sont de mieux en mieux identifiés tout simplement parce qu'ils se ressemblent souvent et que nous avons des outils qui nous permettent d'en apprécier à la fois l'historique et la singularité. Aucun plan d'attaque, aucun combat en matière de psychotraumatisme ne repose sur le hasard : ce sont les études, les recherches et l'expérimentation de certaines techniques de résolution des conflits ou des chocs psychiques qui permettent aux professionnels de proposer des solutions qui ne sont pas miraculeuses mais qui peuvent être efficaces, si elles sont bien ciblées.

L'ensemble des recherches, par exemple, s'accorde sur le fait que l'encadrement familial peut structurer l'enfant traumatisé. On parlera de **parentage** et de qualité à reconnaître l'enfant dans son individualité pour qualifier les familles résilientes qui ont su préserver une cohésion à toute épreuve ; l'esprit de clan maintient un équilibre familial propice à l'éveil de chacun de ses membres. Face à de nombreux facteurs de stress internes et/ou externes, ces familles résistent avec les « moyens du bord » pour maintenir un climat qui autorise le développement de capacités de résilience chez les enfants. Il y a beaucoup d'expressions et d'événements qui expriment ce sentiment de solidarité familiale : « on se serre les coudes », « on resserre les liens familiaux ». Et même « il faut laver son linge sale en famille (Casanova) » ou, avec une pointe de résignation, « on ne choisit pas sa famille… ».

Cette notion de parentage dépendra donc de la qualité des relations entre parents et enfants. Voici des suggestions d'actions à élaborer dans les familles en résilience :

– offrir un *climat familial aimant* au sein duquel régnera l'unité. Chacun a sa place et tous font partie d'une seule et même famille ;

– établir des relations reposant sur le *respect mutuel* : respecter l'autre en souffrance, c'est accepter la différence vécue non pas comme un « souci de plus », mais comme un complément à l'histoire de la famille ;

– proposer un *cadre familial structurant* dans lequel des seuils limites entre le tolérable et l'intolérable seront posés. À l'aide de limites à ne pas dépasser, l'enfant reconnaîtra son espace de développement personnel, ainsi que celui des autres membres de la famille ;

– installer des *projets familiaux* impliquant chacun de ses membres. Il n'est pas nécessaire d'en faire trop, en quantité, mieux vaut donner la priorité à la qualité. Partager des instants privilégiés réunissant la famille permet de vivre ensemble des moments de détente et de rires (vacances, sports, visites culturelles, cérémonies, jeux de société, mimes...) ;

– proposer des *temps de parole formalisés* qui inciteront les uns et les autres à avoir de bons échanges, à des rythmes réguliers. Quand la parole est déjà installée dans la confiance et sans crainte du jugement des autres, il est plus facile de résoudre, le moment venu, des conflits ou des drames (nous sommes, là, dans la prévention) ;

– *conseiller* sans jamais imposer. Face à des situations de stress aiguës ou durables, à la famille de trouver la juste distance entre une force de proposition bienveillante pour l'enfant en difficulté et un système de pression, voire de contrainte ;

– rechercher un *soutien extérieur à la famille immédiate* en cas de défaillance. Le tuteur de résilience sera celui qui, par sa relation privilégiée avec l'enfant, lui offrira un espace extrafamilial de sécurité et d'ouverture. La qualité de son accompagnement fondé sur une écoute bienveillante et une implication modérée facilitera un attachement sur lequel pourront s'appuyer l'enfant ou l'adolescent en souffrance familiale ;

– *développer les relations privilégiées* vers ces personnes dignes de confiance au travers d'activités stimulantes et bénéfiques pour l'enfant (à l'école, dans une association, dans sa communauté...).

Voici une recherche américaine sur les facteurs familiaux de résilience.

Les facteurs familiaux de résilience
(extrait du rapport Gottlieb)

Dès 1991, Norman Garmezy a entrepris de dresser la liste de neuf facteurs caractérisant les familles afro-américaines pauvres dont les enfants réussissent brillamment :
– les contacts scolaires sont fréquents, à l'initiative des parents ;
– l'enfant a des professeurs qui le soutiennent ;
– les parents veulent jouer un rôle majeur dans la scolarité de l'enfant, ce dernier le veut également ;
– les parents établissent des limites claires, des rôles spécifiques et un cadre ;
– les conflits sont peu fréquents entre les membres de la famille ;
– les parents prennent part fréquemment aux activités des enfants ;
– les parents exercent un guidage ferme et cohérent, et mettent en application des règles ;
– les parents fournissent une bonne éducation et apportent un soutien ;
– les parents sont capables de ne pas précipiter l'apprentissage de l'enfant dans les matières intellectuelles.

J'ai coutume de dire qu'une liste a toujours le mérite d'exister : c'est un repère, et nous avons besoin de repères, mais il faut bien sûr savoir raison garder sur l'application à la lettre de ces conseils. Nombre d'entre eux semblent cependant pertinents quant à l'instauration d'un processus de résilience à l'intérieur d'une famille.

Chaque enfant, face à l'adversité, montre des facettes à la fois de vulnérabilité et de combativité (le yin et le yang de la philosophie chinoise : l'activité et la passivité). Les facteurs de risque s'entrecroisent avec ceux de protection et le soutien familial fera souvent la différence ! C'est vrai de la famille, mais c'est aussi vrai de l'école.

Septième clé

Résilience et école

L'école représente à l'évidence une deuxième chance pour l'enfant et l'adolescent de surmonter un traumatisme. En effet, dans la semaine, un enfant passe en moyenne cinq à sept heures par jour dans un environnement potentiellement stable, même lieu, mêmes instituteurs ou professeurs, mêmes camarades. L'école incarne l'autre espace cohérent à l'intérieur duquel de profonds changements s'opèrent tant individuellement que collectivement.

Un lieu et des acteurs susceptibles de garantir et de préserver un bon développement chez les petits et les grands demeurent l'atout majeur de cette structure qui va leur apporter, de surcroît, l'acquisition de nouvelles connaissances et de nouveaux comportements. Avoir sa place à l'école, c'est l'assurance de projeter sa vie et de trouver ainsi sa future position dans la société. La capacité à se projeter dans l'avenir – « quand je serai grand, je serai... » – se concrétise dans le milieu scolaire. Par des relations de qualité et un respect de sa personne, l'enfant en situation à haut risque construira progressivement sa résilience en fonction de ce qui se passe à l'école ou au collège. J'ai déjà relaté nombre de parcours d'enfants qui ont pu devenir des adultes équilibrés grâce aux études, souvenez-vous de William Blythe, de François, de Boucle d'or et de sa découverte du dessin, de notre chercheur du CNRS...

Je sais qu'il est de bon ton depuis quelque temps de décrier l'enseignement : on s'offusque souvent d'une perte de valeurs de notre système éducatif, certains parents contestent la qualité des maîtres et des professeurs. Pardonnez-moi, mais la critique me paraît un peu déplacée, car il est évident, qu'ils soient de classes aisées, moyennes ou défavorisées, que pour tous les enfants l'école reste le lieu idéal des apprentissages. C'est à l'école que l'on commence à se socialiser (pour certains petits, il y a, avant, la crèche), c'est à l'école que l'on commence à tester ses compétences, sa combativité, et c'est aussi à l'école que l'on peut détecter si un enfant traverse une période difficile et présente des troubles du comportement. Qu'il y ait des progrès à faire, certes, il faut toujours être vigilant, mais ne mettons pas la maîtresse au feu et les cahiers au milieu... avant les prochaines vacances. L'école primaire et le lycée reflètent l'évolution d'une société et, en ces temps sociaux moroses, sa dysharmonie. Les enfants se trouvent souvent confrontés à des problèmes qui ne sont pas de leur âge, à des difficultés économiques au sein de leur famille (parents au chômage) qui vont se répercuter sur leur scolarité, à des situations de racisme ou de mauvaise intégration qui les marginalisent. Les responsables politiques se suivent et ne parviennent pas à endiguer certaines crises, n'en rendons pas responsables les enseignants, qui font souvent le maximum d'efforts pour gommer les différences, aider les enfants à apprendre, à s'adapter et à s'épanouir.

Cela étant dit, les paramètres fondamentaux de résilience à l'école sont parfois les mêmes que ceux qui jouent dans un cadre familial. Ce milieu bienveillant se montre « normalement » respectueux de l'élève en toute circonstance. En exprimant de hautes attentes envers l'engagement scolaire, il fournira l'occasion à l'enfant en résilience de participer à des actions qui ont du sens.

André a aujourd'hui vingt-huit ans. Il est riche, adulé par tout un peuple ! Et, pourtant, l'heure de la retraite va bientôt sonner... Un destin incroyable à la taille de son talent (vous penserez sûrement à Frédéric en lisant son histoire).

« J'habitais à Paris. À six ans, raconte André, mes parents ont eu le compte rendu définitif des examens que j'avais passés à l'hôpital. Verdict : nanisme. Ma mère pleurait et mon père tentait de m'expliquer les difficultés qui m'attendaient : “Tu seras petit. Tu ne dépasseras jamais un mètre trente-cinq.” Je m'en souviens encore aujourd'hui comme si c'était hier... Je mesure exactement un mètre trente-trois.

« J'étais affublé, en plus, de problèmes respiratoires, et mon état de santé n'était pas brillant. Trop de pollution, la ville n'était pas faite pour moi. Ainsi, à l'âge de huit ans, j'entrai en internat à la campagne. J'ai tout de suite été la cible de mes camarades. Que de méchancetés ! C'était si cruel, si difficile à vivre, et à voir sans doute, que mon professeur principal décida de me prendre sous son aile protectrice. Il croyait en mes capacités scolaires et voulait surtout m'apporter un peu de chaleur et de réconfort.

« Avec l'accord de mes parents, il m'emmena tous les mercredis au manège équestre d'Orgeval. Les chevaux devinrent mes amis et l'équitation ma passion. Après avoir collectionné mes titres et galops, quand j'eus onze ans, un entraîneur de Chantilly, fasciné par mes aptitudes, proposa à mes parents un contrat sport-études. Sport, oui, mais études ? Il fallait solutionner le problème de la scolarité. Ma seconde chance vint encore de mon professeur, qui accepta d'être mon précepteur. Ma carrière hippique débuta un certain dimanche sur l'hippodrome de Saint-Cloud avec une première victoire dédiée à mon protecteur présent dans les tribunes avec mes parents.

« J'avais dix-huit ans et rares étaient les jockeys qui avaient pu suivre des études. Mon "professeur", comme je l'ai toujours appelé, m'a conduit jusqu'au baccalauréat, ce fut mon second bonheur. Il m'a aidé à transformer mon handicap en atout en m'accompagnant très loin… jusqu'au succès !

« La saison prochaine, je serai libre, à la retraite. J'ai un projet en commun avec lui : ouvrir un centre équestre à la campagne pour les enfants défavorisés avec une unité de soutien scolaire. Mes parents sont fiers de ce projet ambitieux. Je leur ai proposé de venir s'installer au centre équestre pour leur retraite, dans cinq ans. »

L'école, le collège, le lycée sont déterminants dans la mise en œuvre d'un processus de résilience chez un enfant en souffrance. Rappelons les espaces majeurs de résilience : la famille, l'école et la communauté (c'est-à-dire les réseaux et associations).

L'école offrira a priori aux enfants la stabilité relationnelle, la réussite scolaire et l'équilibre environnemental (un lieu, un fonctionnement, des règles). Ces paramètres participent grandement à l'essor de la résilience, surtout chez des enfants à haut risque (situation de pauvreté, migrants avec cultures et langues différentes, familles pathologiques, handicaps).

Le soutien pédagogique et affectif d'un enseignant, pour un enfant en difficulté, renforce l'installation d'une résilience par identification. Ce modèle d'identification, paternel ou maternel, selon que l'enseignant sera homme ou femme, aura pour effet positif de rétablir une construction chez l'enfant qui, avec le temps, parviendra à dépasser le traumatisme ancré dans son quotidien. L'école, comme deuxième chance, amène à l'enfant la possibilité d'un remaniement de ses relations d'attachement, fixées en bas âge, surtout lorsqu'elles ont été de mauvaise qualité ; l'instituteur pourra relayer le père absent ou la maîtresse apporter l'affection que ne donne peut-être pas la mère. L'école est un lieu de paix, même si elle met à l'épreuve certains petits écoliers : c'est aussi dans la cour de récréation qu'ils apprendront à mesurer leurs forces et leurs faiblesses, et c'est important.

L'éventualité d'une réussite scolaire en milieu sécurisé ne fait que stimuler les sentiments de compétence et d'efficacité de l'enfant. Par conséquent, cette expérience de « développement durable » apportera son lot de satisfactions personnelles et garantira une bonne adaptation à d'autres milieux à l'âge adulte.

Finalement, l'école fixe un cadre qui contribue à donner aux enfants le sens de la famille, de la communauté et réciproquement. Si l'enfant a été bloqué dans son éveil par un événement grave, l'école va petit à petit l'apaiser, le rassurer : c'est un lieu solide, stable, où il se rend tous les jours et qui lui permet d'appartenir à un groupe (intervenants scolaires et petits camarades) avec lequel il va grandir pendant plusieurs années.

Et si ça ne marche pas comme on le voudrait ? Essayons de comprendre pourquoi certains enfants traumatisés, à peine arrivés à l'école, vont résister sans jamais rompre et sans même tirer profit de leur expérience douloureuse. On peut se demander s'ils ont bénéficié de protections suffisantes et s'interroger sur ce qui peut permettre à l'enfant de dépasser son handicap. Néanmoins, soyons prudents quant aux notions de réussite et d'échec scolaire, l'échec n'est pas obligatoirement définitif et la réussite non plus. Seul le temps le dira.

Les processus protecteurs à l'école

Les recherches américaines de Bonnie Benard[1] dans les années 1990 ont permis des avancées en ce qui concerne les processus protecteurs dans les écoles.

Trois axes forts favorisent l'apparition chez un enfant d'un processus de résilience ; l'absence de ces éléments peut évidemment expliquer des échecs scolaires et/ou l'incapacité à dépasser une situation difficile :

– la création de rapports de proximité harmonieux ou d'un climat de bienveillance ;

– l'élaboration d'un cadre scolaire avec de hautes attentes ;

– la capacité de susciter chez l'enfant un sentiment d'utilité en aidant ses petits camarades.

La pensée de Bonnie Benard sur les trois axes cités mérite un certain nombre d'éclaircissements.

Création de rapports de proximité ou d'un climat de bienveillance

Un enfant traumatisé recherche avant tout la sécurité, puis de bonnes relations avec son entourage, même, et je pourrais dire surtout, s'il est sauvage et renfermé : il a besoin de trouver une place, d'appartenir à un groupe, nous venons de le voir.

Précisément, l'école, en dehors de la famille, fournit aussi ce lieu d'apprentissage et d'appui à ses élèves, à condition d'y découvrir des rapports de proximité et un climat de bienveillance qui impliquera « tous » les enfants dans les différentes activités péda-

1. Nan Henderson, Bonnie Benard, Nancy Sharp-Light, Resiliency in Action : Practical Ideas for Overcoming Risks & Building Strengths in Youth, Families & Communities, San Diego, Resiliency in Action Inc., 1999.

gogiques. L'enfant mis à mal par la vie ressent parfaitement la mise à l'écart ou au contraire l'attention d'un enseignant qui croit en lui. La position d'enseignant préféré ou de référence confère à cet adulte un rôle central dans l'élaboration pédagogique et affective d'un mieux-être pour l'enfant ou l'adolescent à soutenir. Lourde responsabilité, mais c'est ainsi.

J'ai eu à plusieurs reprises, depuis le début de cet ouvrage, l'occasion de mettre en valeur le rôle des tuteurs de résilience ou de développement. Prenons le temps de faire un « arrêt sur image », d'observer leurs profils et leurs points forts, puisque ce sont souvent des enseignants qui vont prendre cette place dans la vie d'un enfant ou d'un adolescent fragiles.

Les tuteurs de résilience (ou de développement)

Vous vous souvenez de l'histoire de Cendrillon et de sa bonne fée ? Voici un autre récit. Nous pourrions d'ailleurs imaginer une occupation « spéciale dimanche après-midi d'hiver pluvieux » qui consisterait à sélectionner les livres qui font une place de choix aux figures héroïques, aux hommes forts et généreux, aux « héros positifs » (sans utiliser Internet). Ces ouvrages rempliraient, c'est certain, plusieurs rayonnages de nos bibliothèques ! Les écrivains et les lecteurs sont très friands de personnages exemplaires, mais nul doute que le plus parfait de tous, celui qui a fait pleurer le monde entier, c'est celui que notre grand Victor Hugo a mis en scène dans son monumental roman *Les Misérables* : Jean Valjean est par excellence l'homme qui aime l'humanité ; bon, attentif et plein de compassion, il va être le « parrain » de cette petite fille triste qui se prénomme Cosette.

Orpheline de père, éloignée de sa mère qui ne peut plus l'élever parce qu'elle vit dans un dénuement extrême, Cosette présente tous les signes d'une enfant vulnérable. Elle est contrainte, par ceux qui l'entourent, de vivre dans une soumission totale, sans espoir de voir un jour sa situation s'améliorer. Seule son imagination lui apporte quelques consolations. Jusqu'au jour où Jean Valjean entrera dans sa vie, la protégera et jouera sans le savoir le rôle d'un tuteur de résilience.

« Tuteur de résilience » est une expression française introduite par Boris Cyrulnik pour qualifier celles et ceux qui, par leur « présence » auprès d'un enfant en souffrance, favoriseront l'émergence d'un processus de réparation, de résilience.

Mais n'est pas Jean Valjean ou tuteur de résilience qui veut… Pour avoir la force d'aider un enfant/adolescent à se réparer d'un ou de plusieurs traumatismes, les tuteurs potentiels doivent avoir la capacité d'être dans l'empathie, l'écoute active et le soutien (ce que sont souvent les enseignants).

L'écoute active repose essentiellement sur trois procédés de communication :

– écouter en silence tout en intervenant quand on a compris ou insuffisamment compris le sens du discours ;

– résumer régulièrement les propos pour installer la confiance quant à la qualité de l'écoute ;

– reformuler parfois la pensée du sujet de manière interrogative pour bien cerner le contexte de ce qui est dit en utilisant des mots différents.

Le but de l'écoute active est de stimuler chez la personne une meilleure verbalisation, un système de protection efficace et de provoquer un renforcement de l'estime de soi.

L'enfant devra ressentir aussi, de la part de ces adultes compatissants, de hautes attentes positives à son égard. Il est nécessaire que ces attentes soient en rapport avec les compétences de l'enfant, même si la réussite passe par des choix d'activités qui ne sont pas celles que lui aurait pu suggérer.

Un tuteur, enfin, veille à redonner le goût de la vie à l'enfant, l'incite à participer à des activités de groupe, l'aide donc à se (re)socialiser. Redonner cet appétit au sujet traumatisé permet d'éviter qu'il ne se considère éternellement comme victime.

Revenons maintenant aux recherches de Bonnie Benard sur les éléments qui, à l'école, favorisent chez les enfants traumatisés les processus de résilience. Nous avons parlé du climat de bienveillance qui résulte de la bonne volonté conjuguée de la famille, des intervenants à l'école et des tuteurs de résilience (soutiens extrascolaires). Bonnie Benard met ensuite en avant l'importance de l'élaboration d'un cadre scolaire avec de hautes attentes.

Élaboration d'un cadre scolaire avec de hautes attentes

Après la famille, l'école – ainsi que la communauté – se présente comme un formidable vecteur de résilience puisqu'elle donne un cadre contenant des règles à respecter qui permettra à l'enfant, plus tard, de s'orienter et de faire des projets d'avenir. La notion de « hautes attentes » renvoie à celle de l'égalité des chances à l'école.

Pour que cette égalité se concrétise, que tout un chacun ait sa chance, il est indispensable d'apporter aux élèves un soutien scolaire proportionnel aux attentes, sinon rien ne garantit la réussite de nos systèmes d'études « élitistes ».

Le contrat oblige au rapport « gagnant-gagnant ». Les programmes de recherche animés par Michael Rutter sur ce sujet ont révélé que les établissements scolaires qui exigeaient d'excellents résultats faisaient naître, en contrepartie, une « attitude résiliente » chez leurs élèves. Ils misent sur leur potentiel et mettent en place un soutien adéquat pour les autoriser à atteindre cet objectif.

Le mécanisme favorisant une attitude résiliente destiné aux élèves accorde à l'école et à ses acteurs (professeur, administrateur, personnel de service) une place déterminante dans la résolution du puzzle « résilience ». Le principe d'attentes élevées associé à celui de soutien performant donne aux enfants blessés psychiquement la chance de rebondir vers un avenir à portée de main.

Susciter le sentiment d'utilité par la contribution aux autres

C'est le troisième axe qui ressort des recherches américaines. Quel est l'enfant qui ne cherche pas à se sentir utile à la maison, à l'école et à l'extérieur de ces deux cadres ? Lorsque la famille est défaillante, l'enfant se tourne vers l'école pour exprimer ce sentiment d'utilité. Les principes de fonctionnement à l'école s'avèrent riches en modes participatifs individuels et collectifs (sport, arts plastiques…).

Dans l'absolu, chaque enfant découvre dans son milieu scolaire les moyens de s'impliquer au sein d'activités qui révèlent son sens de la responsabilité.

Les processus protecteurs se heurtent malheureusement parfois à une dégradation du climat scolaire qui révèle des tensions encore sans réponses adéquates. La violence que l'on observe de plus en plus souvent, et pas seulement chez les adolescents mais même chez les petits, couplée à un manque de moyens dans certains zones dites « sensibles » ne fait qu'entraver ce formidable réservoir de résilience qu'est l'école.

Le principe d'une résilience scolaire existe bel et bien alors que le maintien de la santé mentale des acteurs de l'enseignement semble mis à mal.

L'état de bien-être relatif de nos professeurs devrait sensibiliser nos dirigeants. À force de travailler en permanence avec leurs élèves pour arriver à un niveau de fonctionnement intellectuel optimal, depuis trop longtemps déjà, bon nombre d'enseignants sont victimes d'épuisement professionnel, ce que les Anglais appellent le *burn out*.

Êtes-vous professionnellement épuisé, à bout, ou en pleine forme ? Voici un test s'appliquant aux étudiants comme au monde du travail aujourd'hui (et plus particulièrement aux enseignants).

Testez votre niveau de *burn out*
syndrome d'épuisement professionnel

Indiquez à quel degré (de 0 à 6) les situations ou les affirmations présentées seraient caractéristiques de votre comportement professionnel ou estudiantin (les étudiants remplaceront à leur convenance travail par étude et collègues par camarades).

0 : Jamais
1 : Au moins une fois par an
2 : Une fois par mois
3 : Plusieurs fois par mois
4 : Une fois par semaine
5 : Plusieurs fois par semaine
6 : Tous les jours

Situations ou affirmations	**Notes de 0 à 6**
1. Je suis épuisé(e) à la fin de ma journée de travail	
2. Je sens que je craque en ce moment à cause de mon travail	
3. On dit que je suis devenu(e) distant(e) depuis que j'ai ce nouveau travail	
4. Je me sens de plus en plus en phase avec mes amis depuis que je travaille	
5. Je suis toujours plein(e) d'énergie	

6. Je ne sors plus le soir à cause de la fatigue	
7. Mon travail me frustre beaucoup	
8. Les problèmes de mes collègues au travail ne m'intéressent pas vraiment	
9. J'aime installer une bonne ambiance au travail	
10. J'ai l'impression de me donner trop dans mon travail	
11. Travailler au contact des autres collègues me stresse	
12. Je suis fier(e) de ce que je fais dans mon travail	
13. Au travail, je gère les conflits entre collègues calmement	
14. Je me sens responsable des conflits à mon travail	
15. J'aime travailler en équipe	
16. Je ne m'énerve jamais au travail	
17. Je n'éprouve plus d'émotion dans mon travail depuis quelque temps	
18. Je sens que mon travail sert positivement à mes autres collègues	
19. Je suis efficace au travail	
20. Je me sens fatigué(e) le matin au réveil	
21. Je communique bien avec mes collègues, en toute circonstance	
22. Je comprends ce que ressentent mes collègues	
23. Je me sens inutile dans mon travail	

24. Je pleure après mon travail	
25. Je refuse de faire plus de choses à mon travail	
Total	

Résultats :

– Si votre score est inférieur à 50, vous avez un indice faible de *burn out*. Tout va bien professionnellement, ou à l'université !

– Si votre score est compris entre 50 et 70, votre indice de *burn out* est moyen et est donc à surveiller.

– Si votre score est supérieur à 70, votre indice de *burn out* est un peu inquiétant ! Il faudrait peut-être en parler autour de vous ou à un psychothérapeute. Votre travail/vos études sont un problème !

N.B. Ce petit test d'évaluation du *burn out* est à prendre avec une juste distance. Il est inspiré du *Maslach Burn Out Inventory*[1].

Actions à mettre en place

L'école consolide les qualités d'adaptation de tous les enfants, et en particulier de ceux qui affrontent l'adversité (famille à haut risque, traumatisme subi). Si on leur montre qu'ils peuvent être compétents et efficaces, l'enfant ou l'adolescent seront plus facilement combatifs. Parce qu'ils auront appris à l'école qu'ils sont capables de résoudre des problèmes, parce qu'ils auront su se faire des copains, développer de bonnes relations avec leur entourage, dont leurs

1. Christina Maslach, professeur de psychologie à l'université de Californie, Berkeley, a travaillé sur un inventaire dans le domaine professionnel (appelé grillage) évaluant les variables personnelles, contextuelles et sociales. Michael P. Leiter, Christina Maslach, « Bannishing Burn-Out : Six strategies for Improving Your Relationship with Work », San Francisco, Jossey-Bass, 2005.

enseignants, ils réagiront différemment à leur contexte de vie qui pourrait nuire, à la longue, à un état de bien-être : ils se sentiront plus forts, mieux armés, mieux aimés.

L'adaptabilité, dans des conditions d'attentes élevées et de soutien scolaire, ouvrira à l'enfant des perspectives d'avenir jusque-là incertaines, voire inexistantes. Ces processus en action créent chez l'enfant un sentiment de satisfaction personnelle. Et le renforcement de l'estime de soi influe sur la possibilité de réussite scolaire (grande et moyenne) et, par voie de conséquence, sur la réussite sociale.

Pour l'école

– Fournir un *espace de sécurité* pour les enfants dans lequel ils se sentiront respectés.

– Organiser un cadre de fonctionnement avec des *limites identifiables* pour les élèves dans le but de les impliquer à l'intérieur d'un espace concret.

– Sensibiliser les enseignants à l'aide de *formations à la résilience* sur la portée de leur rôle de tuteur ou de mentor.

– Installer un *climat bienveillant dans l'école* pour mettre en confiance les élèves qui ont une histoire difficile ou déstabilisante à l'extérieur. L'école doit être un espace de sécurité avec un environnement stable.

– Organiser un *soutien scolaire adéquat aux attentes scolaires* pour les enfants en difficulté. Renforcer l'estime de soi en établissant une relation chaleureuse. Si une communication de qualité est créée, la chance d'exprimer ses émotions (sentiment d'être compris) améliorera les résultats de ces enfants à l'école.

– Veiller à *garantir l'intimité des enfants* afin qu'ils ne souffrent pas à l'école de leur contexte familial (enfants de migrants, marginalité, pauvreté, pratiques religieuses différentes, familles d'accueil, séparations familiales...).

Pour les enseignants

Sans tomber dans la polémique stérile : « s'agit-il d'enseigner ou d'éduquer », un bon instituteur ou un bon enseignant sera aussi celui qui, fort de sa fonction déterminante, s'autorisera à la dépasser si besoin est. Pythagore avait inscrit à l'entrée de son école : « Nul n'entre ici s'il n'est géomètre. Nul n'entre ici s'il n'est que géomètre. » Il en va de même pour l'école, et plus tard pour la vie professionnelle. Transmettre la connaissance, c'est bien, mais le message perçu en classe ou dans l'entreprise chemine au-delà de ce fait objectif définissant un bon enseignant ou un bon patron.

Un bon professeur

Article de Jacques Lecomte[1]

« L'enquête menée par Cléopâtre Montadon auprès de 77 enfants genevois, 35 filles et 32 garçons, de 11 à 12 ans est explicite à cet égard[2]. Pour eux, un bon professeur est à la fois celui qui sait bien enseigner – expliquer clairement et patiemment, savoir susciter l'intérêt et la motivation – et celui qui manifeste un ensemble de qualités humaines qui s'exprime par l'écoute, la gentillesse, la compréhension, l'humour, la sympathie. Ils apprécient les enseignants qui font preuve d'une exigence bien dosée, mais rejettent ceux qui se montre excessivement sévères. L'impact de ces qualités humaines est encore plus important auprès de l'enfant en souffrance. Cette enquête reflète parfaitement les attentes des élèves en classe vis-à-vis de l'enseignant ou instituteur.

1. Extrait du *Journal des psychologues*, n° 216, 2004, p. 28.
2. Cléopâtre Montadon, *L'Éducation du point de vue des enfants*, Paris, L'Harmattan, 1997.

Dans le même esprit, aux États-Unis en 1996, Henderson et Milstein ont établi un ensemble de recommandations destinées aux administrateurs et professeurs intéressés à favoriser la résilience chez leurs élèves affrontant des situations extérieures adverses :
1. augmenter le lien social ouvert,
2. fixer des limites claires, logiques,
3. apprendre des habitudes de vie,
4. fournir soutien et bienveillance,
5. fixer et communiquer des hautes attentes,
6. fournir des occasions pour une participation pleine de sens. »

Je me suis efforcé de rappeler quelques évidences, mais, je l'ai déjà exprimé, je ne suis pas là pour culpabiliser qui que ce soit, la famille, les enseignants, ou les psychologues. Il y a des cas où, malgré la bonne volonté de tous ces adultes, l'équilibre de l'enfant ou de l'adolescent tourmenté reste menacé.

Je vais vous raconter l'histoire de Sophie. J'ai suivi cette jeune adolescente un certain temps jusqu'au jour où elle n'a plus souhaité continuer la thérapie qu'elle avait entamée. C'est l'une des dures lois de ce métier de thérapeute, être abandonné et vivre des ruptures parfois très brutales (comme les enseignants, d'ailleurs). Elles sont en réalité violentes quand on a la sensation d'être encore très loin du but à atteindre, c'est-à-dire d'une certaine forme de bien-être de celui ou de celle, en l'occurrence, que l'on suit. Et c'était le cas. Mais comment faire ? Sophie est vulnérable et son histoire, une somme de traumatismes.

Elle n'a jamais connu son père et vit seule avec sa mère, atteinte d'une sclérose en plaques. La maladie progresse rapidement et bientôt la mère de Sophie ne se déplace plus qu'avec l'aide d'une canne. Pourtant, et c'est par périodes, elle boit plus que de mesure et multiplie les aventures sexuelles. Quand elle ne traverse pas ces moments de crise, elle s'occupe bien de sa fille. Mais comme, au fil du temps, elle devient de plus en plus invalide, Sophie doit, pour mieux l'aider, endosser le rôle de maîtresse de maison et délaisser l'école.

Sophie a maintenant dix ans et la situation continue à se dégrader. Elle voit sa mère se mettre à boire de façon plus régulière et se détruire en consommant d'énormes doses d'alcool. Les partenaires de passage se suivent à un rythme soutenu. Sophie, très perturbée, commence à présenter des troubles qui sont signalés au collège (instabilité, nervosité et bris d'objets). Néanmoins, elle reste auprès de sa mère, qui n'est plus que très rarement calme et complice avec sa fille. Au contraire, elle devient même violente et la frappe la nuit, sans raison apparente.

À treize ans, Sophie demande enfin à partir de chez elle. Dès qu'elle est accueillie par ses grands-parents, l'adolescente change. Ses résultats scolaires s'améliorent et son attitude se transforme en quelques semaines. Elle se remet au travail avec le soutien de certains professeurs. Plus calme, elle parvient à se faire de nouveaux amis. Elle demeure proche de sa mère, qui, entre-temps, a été placée dans une institution à la suite d'une nouvelle poussée de sclérose en plaques. Avec l'amour de ses grands-parents et l'aide de professeurs bienveillants, Sophie est parvenue à modifier son mode de relation aux autres. Aujourd'hui, elle est en classe de quatrième et rêve de devenir actrice, à la grande fierté de ses grands-parents, qui l'encouragent dans ses choix, elle qui ne voulait plus rien.

Sophie a rencontré ses tuteurs de développement sur le chemin chaotique de son adolescence. Puisse-t-elle accepter encore d'être soutenue pour réussir sa résilience !

Alors, me direz-vous, pourquoi éprouvez-vous cette inquiétude, pourquoi ce sentiment de travail inachevé ?

Ma réponse est simple : parce que Sophie a vécu dans une forme de soumission terrible par rapport à sa mère, que son père ne s'est jamais soucié d'elle, qu'elle a connu la maltraitance, l'échec scolaire, des troubles du comportement. Parce que son visage est encore aujourd'hui très fermé. Aucun sourire, aucune malice. Elle a réussi à entrouvrir une porte sur le monde. Mais c'est une toute petite porte et l'histoire est beaucoup trop lourde à porter pour la toute jeune fille qu'elle est encore. Elle ne pourra se réparer, réussir sa résilience qu'avec du temps et le soutien d'autres tuteurs. Quand nous nous sommes quittés, elle n'avait pas encore d'étayage, sinon sa souffrance. Arrêter la thérapie a été « le choix de Sophie », mais arrivera-t-elle à voler de ses propres ailes ? Je ne peux m'empêcher d'éprouver une inquiétude et, je l'avoue, un sentiment d'échec. Il est parfois difficile de jouer les bonnes fées.

Les enseignants sont donc potentiellement des tuteurs de développement pour les enfants qui ont un équilibre psychique précaire. Ils peuvent leur permettre de retrouver petit à petit le chemin perdu du « narcissisme » (en psychanalyse, l'investissement du sujet sur lui-même), à condition, bien sûr, d'avoir la force d'endosser cette responsabilité et d'accepter l'idée que leur pouvoir de réparation, de soutien a des limites. Cette lucidité les protégera de la déception en cas d'échec et de l'épuisement professionnel ou scolaire, du *burn out*.

La résilience en milieu scolaire s'étend au-delà des enfants et touche aussi les familles : c'est le cas des familles immigrées qu'il faut accompagner, avec d'autres partenaires, pour éviter que les enfants ne se sentent trop différents des autres et ne rencontrent rapidement des difficultés scolaires.

La famille, l'école mais aussi la communauté (ceux que je viens de nommer « les autres partenaires »), autant de lieux propices à la résilience qu'il nous faut protéger si l'on souhaite agir en cohérence avec les valeurs républicaines de Liberté, d'Égalité et de Fraternité pour le bien-être de nos enfants.

Huitième clé

Résilience et communauté

Parler de la résilience permet de mettre en lumière tout un éventail de lieux qui peuvent contribuer à son émergence et dont font partie bien évidemment la communauté et, plus largement, la collectivité. Preuve en est cette décision récente – une « prise de conscience », semble-t-il, du gouvernement, donc de la collectivité – de s'occuper des jeunes les plus fragiles en tenant compte de la globalité de leurs difficultés, scolaires, sanitaires et sociales. Des « dispositifs de réussite éducative » sont en train de se mettre en place. Enfin ! pourrait-on dire, puisqu'il y a bien longtemps que les professionnels de l'enfance ont fait le constat que les problèmes de santé, de logement et de barrière de langue conduisent tout droit à l'échec scolaire et plus tard à la « galère ». Nous verrons ce que feront les institutions et les pouvoirs publics, mais d'ores et déjà ce que nous pouvons affirmer c'est que la communauté au sens de « groupe social dont les membres vivent ensemble, ont des biens et des intérêts communs[1] » peut conduire ses enfants en difficulté, adolescents perdus, sur le chemin de la résilience grâce à ses valeurs culturelles, cultuelles, sociales et affectives.

1. Définition du *Petit Robert* ; communauté, par extension, « collectivité ».

Quand la famille est défaillante, nous avons vu que l'école pouvait représenter une seconde chance pour les enfants malmenés. De la même façon, la communauté détient l'ensemble des éléments nécessaires à la mise en place de processus protecteurs qui lui seront utiles. C'est si vrai que lorsqu'une communauté va mal, et que par voie de conséquence son potentiel de réparation est en panne, la société dans son ensemble va mal (les attentats terroristes de juillet 2005, par exemple, perpétrés par des membres de la communauté musulmane en Grande-Bretagne, ont fait s'interroger bon nombre de Britanniques).

Vous l'aurez compris, cette huitième clé, « Résilience et communauté », va nous permettre de nous pencher plus particulièrement sur les communautés de migrants, en sachant que nous sommes tous plus ou moins concernés, à cause de… l'arrière-grand-mère ou du grand-père qui un jour a fait sa valise pour quitter son Mali, son Italie ou sa Bretagne natale. Comme il n'y a pas de grandes et petites résiliences, il n'y a pas de grands et petits exils : il y a ce que l'on perd à tout jamais, et ce que l'on tentera d'inventer avec les moyens du bord, à condition d'y être autorisé, pour se consoler et rebondir.

Avant tout, je voudrais faire remarquer que, même si elles souffrent de manques, les communautés d'origine étrangère sont souvent exemplaires : les moyens financiers leur font défaut mais elles savent compenser l'absence d'aide extérieure par ce qu'elles ont gardé, le partage, le sens de la famille, du groupe, le respect des anciens et le dialogue. De fameux « boucliers protecteurs » contre la montée des individualismes en train de tuer notre société comme l'ont bien démontré les émeutes de la fin d'année 2005. Vous connaissez la détestable expression : « C'est *son* problème… »

Les processus protecteurs

Les espaces potentiels

La problématique de l'intégration alimentée par la peur de l'étranger, de la différence, ne cesse de hanter notre société. Force est de constater que la rencontre avec l'altérité se manifeste plus souvent par la violence et le mépris que par la compréhension et l'enrichissement mutuel.

L'idée d'« espaces potentiels » ou, pour parler plus simplement, de « lieux de rencontre spécifiques » n'est pas récente et s'inspire de modèles déjà existants. Que ce soit pour le soutien scolaire, l'apprentissage de la langue ou l'accueil psychothérapeutique, toutes les formes d'espaces ne demandent qu'à fleurir.

Pour illustrer d'un exemple la possibilité de résilience que peut offrir la communauté, Zerdalia Dahoun[1], qui consacre l'essentiel de son temps à comprendre et aider les populations d'origine étrangère, insiste dans son ouvrage, *Les Couleurs du silence*, sur la nécessité de créer des lieux de transition entre le passé et l'avenir des migrants. La notion d'« espace potentiel », de lieux de rencontre intercommunautaires, si vous préférez, théorisée par Donald W. Winnicott[2], me semble être la clé de toute insertion dans un groupe. L'être humain vit dans un environnement, en relation et en interaction constantes avec ses semblables. Le milieu agit sur l'individu et lui imprime ses conventions et ses normes, ses messages d'adoption et de rejet. Une anomalie de communication

1. Zerdalia K. S. Dahoun, pédopsychiatre, travaille sur les traces de l'ethnopsychiatre Tobbie Nathan. Lire « *Les Couleurs du silence*, Paris, Calmann-Lévy, 1995.

2. Donald W. Winnicott, pédiatre et psychanalyste anglais, auteur notamment de *Jeu et réalité*, Paris, Gallimard, coll. « Folio Essais », 2002.

peut donc venir des deux côtés. Les espaces potentiels peuvent exister, s'inventer, dans tous les cas de figure et pour chaque communauté. Tout individu a besoin, pour se construire, de savoir d'où il vient, de connaître ses semblables et ses racines. C'est à partir de la solidité de ce socle, de la reconnaissance de son altérité, que la communication avec l'autre pourra s'établir. Il y a une vieille expression qui n'est plus guère employée aujourd'hui mais qui exprimait bien l'idée d'appartenance à un groupe, une région, un village : on disait autrefois « c'est un(e) pays(e) », sous-entendu il (elle) vient du même coin que moi, c'est une compatriote ; ce qui ne supposait pas obligatoirement des affinités électives, mais pour le moins culturelles. Une sorte de réchauffement, en somme !

Quand David découvre sa propre communauté…
« C'est dans la cour de récréation de mon école primaire, à dix ans, que les dieux me sont tombés sur la tête pour la première fois. Mon innocence a volé en éclats lorsque l'un de mes camarades m'a demandé quelle était ma religion. Je ne savais pas quoi répondre tout simplement parce que je ne m'étais jamais posé la question. Je ne savais pas qui nous étions. “Ben oui, me dit-il, t'es catholique, protestant, juif ?” (à l'époque on ne disait pas musulman).
« Le soir, j'interrogeai mes parents.
« Le lendemain, mon camarade m'attendait à l'entrée de la cour de récréation et reposa la question : « T'es quoi comme religion, alors ? – Je suis juif. »
« Le premier choc avait été l'étrangeté de sa demande la veille, le second, ce jour-là, fut une gifle magistrale qu'il m'envoya en pleine figure. J'ai bien été obligé de comprendre que ce n'était pas pour lui la bonne réponse. Très vite, mon école devint pour moi un lieu d'insécurité, de menace perma-

nente, et je n'avais aucun moyen de m'y soustraire !

« Personne ne pouvait intervenir pour m'aider, puisque, par peur, je ne disais rien, plus rien. J'étais devenu mutique à l'école. Je soignais mon humiliation avec les livres et me découvrais d'ailleurs un appétit insatiable de connaissances. Mes parents ne savaient rien de ce qui m'arrivait et ne constataient qu'une seule chose : ma réussite scolaire fulgurante, moi, le cancre de service !

« Dans la cour, à l'écart, je ne me sentais plus le semblable de mes semblables. Paradoxalement, c'était étrange, ce qui se passait en moi : c'était comme si une force m'incitait à cultiver ma différence, en dépit de ma peur au ventre quotidienne !

« Je n'aurai pas assez de toute une vie pour digérer la violence de cet événement. Pourtant j'ai découvert dans mon exil forcé la magie des mots laissés au repos. Mon entrée en sixième, grâce à mes très bons résultats, eut lieu au lycée-collège Louis-le-Grand. J'étais la fierté de mes parents, et quel bonheur pour moi d'être loin de mon école "primaire"...

« Aujourd'hui je suis psychothérapeute et passionné d'écriture, et je m'aperçois, avec le recul du temps, que j'ai commencé à bâtir ma résilience à partir de ce jour où je me suis senti exclu, rejeté. Le traumatisme de l'exclusion que j'avais subi m'a fait découvrir que la littérature pouvait être un refuge. La réussite scolaire ne me semblait pas promise. Toutefois, quand j'y repense, je pardonne : grâce à ce drôle de camarade, j'ai des livres et moi ("j'ai délivré moi", autrement dit je me suis délivré) ! »

Pour un David qui parvient à exprimer à l'âge adulte la violence que pouvait représenter pour l'enfant qu'il était cette sensation d'exil forcé, combien de Farida, Cheng, Mohamed resteront dans le silence si ne sont pas créé des espaces communautaires pour pallier la douleur de l'exil ? La collectivité se doit de combler les manques dont souffrent les familles migrantes. Il me semble de plus en plus difficile que notre pays se contente de vivre sur une réputation – à juste titre déjà bien ébréchée – de terre d'accueil. Concernant ce thème de la migration, Zerdalia Dahoun poursuit, dans *Les Couleurs du silence* : « Le groupe social peut maintenir dans l'exclusion l'enfant immigré et sa famille, il peut avoir des réticences à accepter d'autres normes culturelles. Les familles immigrées peuvent aussi avoir des difficultés à recevoir, interpréter ou adopter correctement les messages émis par le groupe social dominant. Il faut une articulation entre les valeurs culturelles véhiculées par le pays d'origine et celles du nouveau monde, entre le passé et l'avenir. Mais comment imaginer ces espaces potentiels ? »

Le débat sur les recherches à entreprendre pour des espaces potentiels est ouvert, bien qu'il existe déjà des tentatives prometteuses comme celle du centre Georges-Devereux, situé à l'intérieur de l'université de Paris-VIII-Saint-Denis qui accueille et aide des familles immigrées.

C'est par ce centre que j'ai eu l'occasion de rencontrer et de suivre DJK'6.

À huit ans, il arrive en France avec ses deux sœurs aînées et ses deux plus jeunes frères. Son père, qui était au chômage en Algérie, vient travailler chez Renault pour pouvoir nourrir sa famille. Kaci a laissé ses copains là-bas, dans les montagnes des Aurès, et, très vite, l'enfant devient triste et renfermé. Ses parents pensent qu'avec le temps sa bonne humeur reviendra, parce que sa vraie nature, c'est d'être gai, de chanter et de danser tout le temps. Mais le petit bonhomme s'enfonce de plus en plus dans le silence, si bien qu'au bout de quelques semaines tout le monde s'inquiète, dans l'entourage de la famille et à l'école. Ses parents pensent même qu'il est possédé par un djinn malfaisant, un démon… C'est alors que ses sœurs ont l'idée géniale, pour Noël, d'emprunter une chaîne stéréo pour mettre de la musique dans toute la maison. Et jour après jour, soir après soir, Kaci retrouve son sourire. Ce jeune garçon avait retrouvé la passion de sa vie et la couleur de son pays, la musique !

À l'école, ses résultats sont moyens mais pas catastrophiques non plus. À onze ans, titillé par ses origines, il rejoint l'association Tout couleur et y trouve sa place : Kaci devient l'ambianceur (comme on dit au Zaïre) de toutes les fêtes en chantant et en dansant.

À treize ans, l'association lui confie le matériel complet du parfait DJ. Il n'en fallait pas plus pour que Kaci se lance à fond dans la musique. Avec d'autres amis de la cité, il fonde son premier groupe de R'n'B. Il entame ensuite une carrière solo en se faisant un nom, « DJK'6 ».

Sa souffrance existentielle, totalement liée au déracinement, a été compensée par la musique et sa nostalgie du pays par un premier voyage l'année dernière dans les Aurès. Récemment il a noué des liens avec des musiciens algériens et ils échangent de la musique par Internet. Son projet de CD avec ses amis devrait voir le jour dans un an lors du premier festival des Aurès qu'il organise avec son association Tout couleur.

Kaci chante en dansant : « La parole est d'argent, mais le silence est d'or. C'est seulement quand vous boirez à la rivière du silence que vous chanterez vraiment. » Heureusement, sur le cours de cette rivière, Kaci a croisé des êtres qui l'ont épaulé et l'ont aidé à sortir du silence, sa famille, ses instituteurs, son association et même un thérapeute !

Il est toujours complexe d'apporter un soulagement aux personnes qui sont en exil, aux petits réfugiés et à leurs familles. Beaucoup de professionnels travaillent sur les pathologies de l'exil, mais si soigner les souffrances du corps est une chose possible, aider ces personnes à en dépasser la cause est un autre challenge. Comment ne pas éprouver de la tristesse quand on pense à ces travailleurs immigrés qui ont traversé, seuls, la Méditerranée entre les années 1950 et 1970, qui ont fait vivre avec leurs maigres salaires toute une famille « là-bas » et qui aujourd'hui vieillissent et meurent dans de mauvais foyers parce que plus rien ni personne ne les attend au pays natal… ni ici, d'ailleurs.

Et pourtant pour les plus jeunes un terrain de résilience existe, mais il faut avoir la force, l'énergie de trouver une réponse (le rap en est une trouvée par les jeunes eux-mêmes, le hip-hop aussi), le courage aussi de donner un sens à son histoire[1]. On ignore, à moins de l'avoir vécu soi-même, à quel point de souffrance un réfugié parvient lorsqu'il quitte sa terre, à quel point l'expérience d'une autre culture peut faire flamber ses origines. La nostalgie se cristallise à travers l'exil. « Ce que désire le nostalgique, ce n'est pas le lieu de sa jeunesse, mais sa jeunesse elle-même, écrivait Emmanuel Kant, son désir n'est pas tendu vers une chose qu'il pourrait retrouver, mais vers un temps à jamais irrévocable[2]. »

Le sentiment de perte ressort de façon plus tragique dès lors qu'il s'agit d'un exil forcé. Stefan Zweig, dans ses souvenirs, rapportait l'un des mo-

1. De la Marche des beurs, en passant par SOS racisme et Ni putes ni soumises, nombreuses sont les associations qui ont cherché et cherchent à donner un sens à l'histoire de l'immigration.

2. Emmanuel Kant, *Fondements de la métaphysique des mœurs*, Paris, Nathan, 2004.

ments les plus difficiles de sa longue vie : « Quand on n'a pas sa propre terre sous ses pieds, on perd quelque chose de sa verticalité... Il ne m'a servi à rien d'avoir exercé près d'un demi-siècle mon cœur à battre comme celui d'un citoyen du monde. Non, le jour où mon passeport m'a été retiré, j'ai découvert, à cinquante-huit ans, qu'en perdant sa patrie, on perd plus qu'un coin de terre délimité par des frontières[1]. »

Espérons qu'avec les recherches des cliniciens sur les maladies liées à l'exil, qu'avec les travaux menés par des sociologues, des psychologues[2], souvent complètement impliqués de par leur trajectoire personnelle dans l'histoire de l'immigration, nous pourrons aller plus vite dans la réparation de ces êtres qui balancent entre deux terres. Le balancement donne mal au cœur...

Pour finir sur une note optimiste à propos de l'exil et d'une possibilité de résilience, on peut se souvenir de ce qu'Albert Einstein déclarait à son arrivée aux États-Unis : « Un réfugié arrive souvent les mains vides, mais il peut apporter beaucoup. »

Communautés, soutien social et réseaux

Avant d'aborder concrètement les réseaux communautaires et les formes de soutiens sociaux existants, je propose que nous nous arrêtions un instant sur les résultats d'une étude réalisée au Canada.

---

1. Dans *Le Monde d'hier, souvenirs d'un Européen*, Paris, Le Livre de poche, 1996. Sur ce thème, lire aussi les écrivains palestiniens, Elias Sanbar, *Le Bien des absents*, Arles, Actes Sud, 2001, et *À contrevoie – Mémoires* d'Edward W. Saïd, Paris, Le Livre de poche, 2003.

2. Beaucoup de documentaires servent aujourd'hui de base de référence à ces travaux de recherche, comme le passionnant *Mémoires d'immigrés* réalisé par Yamina Benguigui, Paris, Pocket, 2003.

Recherche de Christian Bouchard

Cette recherche fut menée pendant une longue période avant d'avoir été rendue publique en 1984 ; elle a été faite sur deux groupes de familles défavorisées vivant dans la même ville, Montréal, dans deux quartiers proches et équivalents au niveau socio-économique. Le premier groupe bénéficiait de tout un ensemble de soutiens sociaux. Résultat sans appel : il y avait nettement moins de maltraitance infantile dans ce groupe que dans le second, et ce, dans un cadre et un contexte de vie identiques.

La notion de soutien social se définit quels que soient les événements de la vie par une mobilisation de la collectivité qui se traduit notamment par des aides financières, professionnelles ou administratives, et une présence auprès des familles (visites à domicile).

Cette recherche sur l'importance du soutien social corrobore parfaitement les points qui vont suivre concernant les actions à mettre en place pour venir en aide à ces naufragés de la vie.

Chacun sait que de tout temps, dans nos sociétés, les familles aisées ont eu leurs pauvres et que des réseaux d'entraide ainsi que de soutien social ont existé ! On n'utilisait pas ces mots de réseaux et soutien, et les gestes de partage, de « bienfaisance », étaient plus ou moins organisés, souvent chapeautés par des mouvements religieux ou syndicaux, mais ils répondaient en tout cas efficacement à des demandes ou à des signalements de familles en grande difficulté. Ils participaient à l'émergence de mécanismes de résilience chez ceux mis à mal par la vie, gravement trau-

1. Christian Bouchard, professeur au département de psychologie de la faculté des arts et des sciences de Montréal.

matisés psychiquement ou physiquement, parfois les deux. Mais aujourd'hui beaucoup de ces structures n'existent plus, tout comme a disparu l'idée de clan dans nos familles. Il convient donc – et de nombreuses associations[1] s'en chargent – d'en réinventer d'autres, différemment, et de cesser de penser, si possible, que « ça n'arrive qu'aux autres ». Les temps changent et personne n'est plus à l'abri d'un désastre.

Faute de pouvoir réinventer les liens forts et structurants du passé, de plus en plus de personnes sont à la dérive, pointant du doigt à leur façon la faillite de notre conception moderne de la vie en commun. C'est l'« Ultra moderne solitude »[2] qui entraîne les conduites suicidaires et addictives que l'on connaît, alcool, drogue, médicaments…

Néanmoins, il existe de nombreuses associations, communautés fraternelles et autres regroupements constitués de professionnels et de bénévoles compétents. Le but du soutien social et des réseaux est d'éviter la dégradation d'un état de vulnérabilité incontestable chez une personne, une famille ou un groupe à haut risque, en aucun cas de se substituer à ces derniers. Le souci majeur est de garantir une démarche éthique respectueuse de ce qui est en devenir et appartient à chacun d'entre nous.

Une association, par exemple, se révèle être un excellent moyen de rapprocher les individus en devenant un maillon de ce que l'on appelle le soutien social, une nouvelle possibilité d'échange et d'accompagnement. Une des personnes que j'ai suivies en thérapie a ainsi créé « la Maizon », qui permet aux habitants d'un même quartier de se rencontrer, de s'aider, d'échanger des services et d'installer des soli-

1. Parmi les plus connues, citons le Secours populaire, la Croix-Rouge, les Restos du cœur, le Secours catholique, les Compagnons d'Emmaüs.

2. « *Ultra moderne solitude* », paroles d'Alain Souchon, musique de Laurent Voulzy.

darités de voisinage. « Échange travaux de peinture contre soutien scolaire niveau sixième »…

L'OMS, l'Organisation mondiale de la santé, est très claire sur les stratégies à mettre en place pour venir en aide aux familles en difficulté. Voici les chantiers prioritaires pour notre société :

– éducation des femmes ;

– formation et développement des capacités parentales ;

– promotion d'une sexualité responsable ;

– programme d'accueil des enfants par des personnes âgées ;

– actions à base communautaire ;

– visites à domicile des professionnels de santé.

Les réseaux formels sont incarnés par les multiples organismes professionnels et administratifs proposés par l'État. Les réseaux informels évoluent en marge et complètent efficacement les structures officielles à condition d'être clairement organisés et d'avoir une parfaite visibilité.

Avant de préciser les actions à mener par les associations, les réseaux ou les communautés en général pour aider une personne en prise avec l'adversité, nous allons voir en détail quelles sont les sources externes dont elle a besoin pour étendre sa résilience (les sources internes s'appliquent à la personne et à ses ressources, capacités, compétences).

Soutien social et sécurité

L'utilité du soutien social sera de contribuer à procurer un sentiment de sécurité chez la personne en danger qui vient demander de l'aide. La mission de l'intervenant consistera à mettre en place tout un ensemble de liens de qualité et d'instaurer des modalités, un programme que l'on appliquera progressivement.

En pratique, à l'aide de règles simples et structurantes, la personne qui a été déstabilisée par un événement grave, grâce à ce soutien, acquiert petit à petit un sentiment de sécurité. À partir du moment où l'individu n'est plus dans la crainte, que ses besoins vitaux, entre autres, sont satisfaits, une relation de confiance pourra s'installer avec les personnes qui s'occupent de lui. Cette confiance lui permettra de redevenir autonome et de construire sa résilience.

Soutien social et relations interpersonnelles

Après avoir redonné aux personnes en demande un sentiment de sécurité et de confiance en soi, les professionnels – assistants sociaux, éducateurs, thérapeutes – vont pouvoir agir sur leur environnement.

En pratique, à l'aide de comportements-réponses en accord avec le contexte global d'un sujet, on réussira à mieux promouvoir sa résilience. La personne en confiance apprendra à potentialiser ses propres ressources pour tenter d'entrer en communication avec autrui. Elle améliorera ses capacités à résoudre les problèmes par une meilleure ouverture au monde et réussira à mieux contrôler son désordre émotionnel par l'établissement de relations de confiance.

En résumé, le soutien social s'inscrit directement dans le processus de résilience puisqu'il apporte un haut niveau de stimulation des compétences nécessaires à l'élaboration d'une capacité à rebondir. Il va agir sur les registres émotionnels, moraux, spirituels, sociaux ou autres et permettre aux individus, devenant dynamiques et réactifs, d'accéder à une certaine forme d'indépendance ou de la retrouver.

Avec un sens aigu de l'empathie, la nature de ce soutien social aura pour effet de susciter puis d'entretenir l'estime de soi, un des facteurs déterminants pour la construction d'une résilience stable.

Les actions à mettre en place

Elles sont nombreuses, simples, mais demandent à la fois du temps, une bonne communication au sein de la communauté et entre les médiateurs et les membres des familles à haut risque.

– Élaboration de *programmes de prévention* pour les familles dites à haut risque : ces programmes couvrent de larges domaines qui iront de la prévention de l'alcoolisme à celui de l'abus sexuel, par exemple.

– Instauration de *soutiens pour les familles* quand des violences ont été suspectées ou observées dans une cellule familiale. Le groupe communautaire veille à la sécurité de ses membres par une présence sur le terrain.

– Apporter aux familles en situation difficile les moyens de *resserrer leurs liens* tant culturels que cultuels ou autres.

– Proposer la venue de *médiateurs* dans la communauté comme dans les familles lorsqu'il y a des conflits identitaires ou culturels majeurs.

– Mettre en place des programmes communautaires axés sur la recherche de *tuteurs de résilience* ou mentors, comme les appellent nos amis québécois.

– Donner des *perspectives de travail encourageantes* dans le but de ne pas accentuer le sentiment d'inutilité, de vacuité, déjà présent chez beaucoup d'adolescents. Le chômage est un aspect sensible de notre époque, mais, là aussi, la communauté peut protéger les siens : si l'esprit d'entraide est bien ancré, elle tentera de leur chercher et de leur offrir un travail justement rémunéré.

– Assurer un *climat de sécurité* en général et dans les zones sensibles en particulier (programmes de prévention de la violence).

Le Mentoring ou guidage

Le *mentoring* représente une donnée peu objective, puisqu'il est fondé essentiellement sur l'observation. Il s'applique surtout au sein d'une famille dont les « mentors naturels » sont les grands frères et les grandes sœurs. Les autres mentors naturels sont ceux qui partagent un même vécu historique, géographique et sociologique. Ce ne sont pas des professionnels mais, par exemple, la famille proche, le voisinage, les enseignants, les hommes d'Église, etc.

Il y a peu de recherches consacrées au *mentoring*, excepté aux États-Unis et au Canada où l'intérêt pour ce que l'on pourrait nommer aussi « parrainage » a été très fort ces dix dernières années. Des programmes communautaires de mentorat existent. La Banque de Montréal, à Hamilton, en Ontario, a décidé, avec l'association des Grands Frères et des établissements scolaires, de participer à l'élaboration d'un programme en faveur des élèves des quartiers défavorisés du centre ville.

Ces initiatives prometteuses pourraient également se décliner à des niveaux cultuels, culturels et ethniques. Le principe du *mentoring* (guidage) est porteur de grands espoirs tant ses applications multiples restent encore à explorer.

En France, on commence à voir de grands sportifs, des « stars », se rendre dans des zones défavorisées afin d'encourager les jeunes à sortir de leurs ghettos en pratiquant un sport.

La collectivité, dans son ensemble, ne peut que soutenir de telles initiatives pour un bon « développement durable » de son tissu social disparate.

– Faciliter les *programmes de loisirs* accessibles économiquement à tous. Cela diminuerait sensiblement les comportements asociaux dans la collectivité, aussi bien dans les grandes villes que dans les banlieues.

– Renforcer les programmes économiques de *soutien scolaire* destinés aux enfants en difficulté par des partenariats entre les familles et les écoles, par exemple.

Résilience et politique

Dès lors que les processus protecteurs communautaires sont évoqués, le lien avec la politique devient évident.
La politique menée par un gouvernement tantôt rapproche, tantôt éloigne les membres et groupes de membres d'une même société. Or un mouvement vers chaque individu – chaque citoyen – devient positif s'il concourt à renforcer la qualité du lien communautaire.
Politique et résilience font bon ménage dans des sociétés souhaitant conserver le « goût des autres ». La politique en faveur de la résilience consiste à réduire les inégalités, resserrer le lien communautaire, financer des programmes de soutien scolaire, investir dans des projets qui aident les enfants à s'épanouir, soutenir les initiatives de prévention de la violence, intéresser la jeunesse à la politique, multiplier les recherches sur la résilience et la vulnérabilité, etc. Faute de quoi la réaction communautaire ne manquera pas de se faire entendre.
Sachant que les malheurs d'une société (attentats ou catastrophes naturelles) renforcent la cohésion sociale, le bonheur de cette même société pourrait s'envisager comme une résilience collective si ses ressources communautaires étaient mieux exploitées. « Ne te demande pas ce que ton pays peut faire pour toi, mais ce que tu peux faire pour ton pays » (pour paraphraser J. F. Kennedy).

– Proposer dans une juste proportion des *soutiens financiers, matériels et/ou humains* pour les familles en difficulté, sans pour autant les plonger dans l'assistanat.

– Créer davantage d'*espaces potentiels de rencontres* (culturelles, politiques, etc.).

Pour conclure ce chapitre sur la communauté, le soutien social et les réseaux, la résilience, innée chez chacun d'entre nous, se manifestera à un degré différent d'une personne à l'autre. Cette variabilité découle d'un mécanisme à la fois interne et externe à la personne.

Ce mécanisme poussé à son maximum aura pour conséquence positive une expansion « saine ». Au niveau du soutien social et des réseaux, les stratégies opérantes à installer seraient celles qui offriraient des lieux de rencontre de qualité, nos fameux espaces potentiels.

Ils développeraient chez la personne traumatisée son adaptabilité, son estime de soi ainsi que son autonomie, à condition que ces lieux et « acteurs » respectent les mécanismes favorables à la manifestation de capacités de résilience, sans intervenir directement, mais indirectement. En laissant le temps au temps, avec toute la bienveillance nécessaire dans un espace sécurisant.

Neuvième clé

Résilience et psychothérapies

Certaines personnes ont les cheveux qui se dressent sur la tête au simple mot de « thérapie » et de « psychanalyse », des irréductibles qui, comme ils disent « n'ont pas envie de raconter leur vie à n'importe qui ». Mon esprit de tolérance m'incline à les laisser en paix. Je me dis qu'ils n'ont peut-être jamais été confrontés à un événement très grave. Mais si vous, lecteur, m'avez suivi jusqu'à cette page, si vous avez accepté l'idée qu'une résilience, une réparation est possible après avoir subi un grand choc, vous ne pourrez pas être totalement indifférent aux propos à venir. N'ayez crainte, je ne travaille pas uniquement pour ma chapelle de psychothérapeutes atypiques : les psychothérapies sont fortement indiquées par l'ensemble du corps médical dans les cas de psychotraumatismes névrotiques et il existe une grande variété de prises en charge des personnes.

Les interventions à court terme sont réalisées, par la cellule d'urgence médico-psychologique[1], dans un cadre et un contexte très spécifiques. À chaque fois que se produit malheureusement une grande catastrophe, vous entendez dire depuis une dizaine d'années qu'une cellule de soutien composée de médecins,

1. Les cellules d'urgence médico-psychologique (CUMP) ont été instaurées par la ciculaire n° 097383 du 29 mai 1997.

de psychologues et d'infirmiers a été mise en place : parfaitement intégrée à un dispositif d'intervention, le SAMU, la cellule d'urgence en France fonctionne précisément depuis les attentats du RER Saint-Michel en juillet 1995.

Dans les lignes qui vont suivre, je vous présenterai un certain nombre de psychothérapies efficaces dans le domaine des psychotraumatismes qui s'exercent, elles, à moyen et à long terme. Rien à voir, donc, avec les cellules d'urgence. Il me sera impossible d'être exhaustif dans la mesure où j'ai conscience que c'est jour après jour que nos pratiques psychothérapiques s'enrichissent de techniques qui soulagent des personnes en détresse. Pour susciter une bonne évolution de la personnalité par la parole, le thérapeute doit, lui aussi, être à l'écoute à la fois de sa propre intuition et de celle des autres, cliniciens, chercheurs, acteurs sociaux qui par leurs travaux peuvent l'informer, le conforter ou le remettre en question.

Le chemin de la résilience devient praticable pour tout thérapeute aguerri à condition d'avoir cette oreille ouverte sur le monde, et pour la personne traumatisée d'accepter que pendant un certain temps quelqu'un lui tienne la main. Mais je peux vous certifier que lorsqu'on est confronté à un événement qui nous dépasse, qui nous fait « perdre la tête », on ne fait pas la fine bouche. Parler, dans ce cas, n'est pas un luxe, c'est pouvoir continuer à vivre et se reconstruire.

Pratiques thérapeutiques

Une psychothérapie se définit en fonction des buts, c'est-à-dire des changements à apporter pour le sujet, mais aussi du cadre, de l'objet et des moyens techniques.

Les méthodes qui visent à développer les capacités de résilience chez une personne traumatisée suivent trois grands axes : la personne, ses comportements et son environnement relationnel. Le travail s'attache à renforcer ou à développer les mécanismes de défense, à consolider l'estime de soi ou à la construire, à aider de façon positive la personne à élaborer des projets qui lui tiennent à cœur, à fortifier les liens familiaux ou à installer des soutiens extrafamiliaux.

Concrètement, les facteurs à travailler dans l'optique de la stimulation ou du renforcement de la résilience sont :

– l'estime de soi : amour de soi, confiance de soi, vision de soi ;

– la fonction d'autoréflexion, autrement dit, le renforcement du moi ;

– la narration du traumatisme ;

– l'autonomie et l'indépendance par la satisfaction des besoins ;

– la gestion du stress ;

– la communication positive avec les autres ;

– la gestion des émotions ;

– les stratégies d'adaptation face aux problèmes ;

– la déculpabilisation dans les cas de culpabilité du survivant (vous vous souvenez sûrement des parcours de Nicou, le jeune Rwandais adopté par une famille belge, et de Rachid, qui a perdu son épouse au cours d'un incendie).

Les modèles proposés selon l'âge et le contexte restent le plus souvent des psychothérapies brèves et de soutien.

Les psychothérapies brèves sont particulièrement conseillées et efficaces quand une personne, à la suite d'un choc, se dit paralysée, qu'elle ne peut plus affronter telle ou telle situation, qu'elle ne se sent plus elle-même. Elles vont s'attaquer d'emblée à ces symptômes invalidants. Le principe de modification du cadre a un effet évident sur la perception qu'un sujet peut avoir de son trouble psychique. En cas de traumatisme, la remémoration de l'événement en séance de thérapie provoque progressivement une expérience émotionnelle correctrice qui remodèle les effets négatifs qu'il a pu avoir sur l'individu.

Les *psychothérapies de soutien*, comme leur nom l'indique, visent essentiellement à épauler la personne dans l'épreuve qu'elle traverse en l'aidant à retrouver un équilibre perdu. Ce soutien pourra être performant à partir du moment où une « alliance thérapeutique » sera établie entre le patient et son thérapeute. L'idée n'est pas de découvrir, de fouiller dans le passé, mais de recouvrir la plaie ouverte pour continuer à vivre normalement.

Il est important de préciser que les psychothérapies psychanalytiques – travail au long cours – n'ont pas une réelle efficacité dans les premiers mois qui suivent un traumatisme. « On n'apprend pas à nager à quelqu'un qui se noie », d'où les interventions brèves ou de soutien.

Les psychothérapies censées développer un processus de résilience peuvent être bifocales. Cela signifie que la personne traumatisée, en fonction de son état, sera prise en charge à la fois par un psychiatre et un psychothérapeute. Le psychiatre jugera, suivant la situation physique et psychique du patient, de la nécessité de la prescription ou non d'un traitement médicamenteux qui réduira les symptômes trop envahissants d'angoisse, de troubles du sommeil, de dépression… Le psychothérapeute, lui, conduira un travail dont le but est de continuer à vivre malgré tout, selon le type de traumatisme présenté et suivant l'âge, entre autres critères.

Les thérapies cognitivo-comportementales (TCC)

Les TCC, en jargon professionnel, font partie des thérapies à moyen terme dites brèves, très en vogue depuis une trentaine d'années aux États-Unis, mais de plus en plus aussi en France. Elles découlent, nous les avons déjà un peu abordées[1], des théories du conditionnement selon les études du comportement (le behaviorisme[2]). Les thérapies cognitives s'appliquent à l'invisible – les pensées, images et langage intérieur. Le travail se fait sur les représentations mentales.

Nos comportements représentent une séquence d'actes et de pensées associées destinée à l'adaptation au monde. En cas de dysfonctionnement, on parlera de comportement inadapté chez une personne en souffrance. Dans une situation de post-traumatisme, elle sera inondée de pensées négatives bouleversant progressivement son système de croyances personnelles, la précipitant dans l'insécurité, la perte de sens, la vulnérabilité.

Les TCC, par des techniques de gestion de stress, de relaxation, d'affirmation de soi, amèneront la personne à modifier ses schémas comportementaux qui, pourrait-on dire, se sont détraqués à la suite d'un choc violent.

Ces thérapies sont les premières parades possibles aux états de stress post-traumatiques surtout lorsqu'elles sont associées à un traitement médicamenteux. Une amélioration de la symptomatologie, par désensibilisation, conduit la personne à redécouvrir une certaine qualité de vie, ce qui ne garantit pas nécessairement la résolution, même partielle, du traumatisme. Le processus de résilience est néanmoins préservé et renforcé grâce aux thérapies cognitivo-comportementales. « Le peuple est perturbé non pas tant par les événements eux-mêmes que par sa façon d'appréhender l'événement », a dit Épictète, philosophe stoïcien grec.

1. Relisez le « renforcement positif » à la Sixième clé.

2. Behaviorisme, de l'anglais *behaviour*, comportement : « Théorie qui fait consister la psychologie dans l'étude scientifique et expérimentale du comportement (psychologie du comportement), sans recourir à l'introspection, ni aux explications d'ordre physiologique, ni à la psychologie profonde » (définition du *Petit Robert*).

L'hypnothérapie

L'hypnothérapie va sans doute faire sursauter encore un peu plus mes « chers irréductibles » : quoi, soigner par l'hypnose ? Eh bien, oui ! Je pratique personnellement l'hypnothérapie après avoir suivi une formation à l'Institut français d'hypnose, et je trouve que cette technique permet d'obtenir d'excellents résultats dans la prise en charge des psychotraumatismes.

Pourquoi utilise-t-on le fonctionnement hypnotique ? La réponse est simple : pour soigner, pour soulager une souffrance. Maintenant, comment ? En atteignant par diverses stratégies d'« influence », qui utilisent le plus souvent la parole, un état de conscience modifiée. Cet état se construit à partir de suggestions directes ou indirectes et d'associations libres (comme dans un travail psychanalytique). Issue de l'hypnose, une pratique vieille comme le monde, l'hypnothérapie s'est développée grâce à un célèbre psychiatre américain, Milton H. Erickson[1], qui a proposé, à partir de l'hypnose, de faire un travail sur les rapports entre le corps, les comportements et le psychisme. La lecture globale d'une personne se révèle fondamentale dans le traitement des états de stress post-traumatiques. L'hypnose modifie l'état de conscience mais ni plus ni moins que pendant ces moments que nous connaissons tous où nous nous évadons, où nous « partons » dans nos pensées : pendant quelques instants, nous nous dissocions de notre environnement.

L'hypnothérapeute réutilise cet état en l'amplifiant par des suggestions. L'intérêt majeur de l'hypnose réside dans le fait de mettre à distance la réalité im-

1. À propos de Milton H. Erickson (1901-1981), voir J. A. Malarewicz et J. Godin, *Milton H. Erickson. De l'hypnose clinique à la thérapie stratégique*, Paris, ESF, 1989.

médiate – après relaxation et induction – et de permettre ainsi à la personne d'accéder sans affect à ses souvenirs traumatiques. Elle devient spectatrice des événements qu'elle a vécus. La technique d'hypnose ericksonienne conduira, à l'aide de suggestions métaphoriques, à une nouvelle mobilisation des capacités, des ressources bloquées par l'état de stress post-traumatique.

L'état hypnotique installe une libre circulation des pensées entre le conscient et l'inconscient et suscite ainsi des modifications accessibles à la personne. Par la découverte du « lâcher-prise » (mise à distance), elle percevra d'autres ouvertures sur elle-même qui l'amèneront petit à petit à un changement bénéfique. Milton H. Erickson a mis au point de nombreuses modalités d'application en hypnose clinique qui, ramenées à la prise en charge des états de stress post-traumatiques, explorent les diverses possibilités inconscientes à activer pour rétablir une harmonie de l'être en résilience.

L'utilisation de la métaphore dans la communication permettra l'élaboration de microchangements qui, eux, entraîneront d'autres mutations plus importantes jusqu'au mieux-être de la personne.

L'art de la métaphore

« Il était une fois… », vous connaissez, c'est un procédé classique qui utilise justement ce que l'on appelle la métaphore.

Le *Larousse* dit qu'il s'agit d'« un procédé stylistique qui consiste à transporter un mode de l'objet qu'il désigne d'ordinaire à un autre objet auquel il ne convient que par une comparaison sous-entendue ».

La métaphore produit le changement : c'est l'une des techniques d'élection en hypnose éricksonienne, tout simplement parce qu'elle se révèle

très efficace, en particulier avec les personnes qui ont du mal à communiquer. Aristote disait : « Les mots ordinaires transmettent seulement ce que nous savons déjà ; c'est la métaphore qui peut le mieux produire quelque chose de nouveau. » Elle doit être adaptée à la personne, d'où l'intérêt de repérer son espace conceptuel, imaginaire.
Voici ce que George Lakoff et Mark Johnson[1] écrivent au sujet de la métaphore : « La métaphore est pour la plupart d'entre nous un procédé de l'imagination poétique et de l'ornement rhétorique, elle concerne les usages extraordinaires plutôt qu'ordinaires du langage. [...] Mais notre système conceptuel ordinaire qui nous sert à penser et à agir est aussi de nature fondamentalement métaphorique. »
En fait, la métaphore ne se résume pas aux mots ni au langage. Le système de pensée de chaque être humain, notre façon de parler, de nous exprimer, de concevoir, de réfléchir, d'éprouver telle ou telle situation, se structure et s'exprime de manière métaphorique.
Divers types de métaphores sont utilisés. Inspirés du livre de Lakoff et Johnson, voici quelques exemples :
Le concept d'*orientation*, loin de son sens premier, va être couramment employé pour exprimer l'idée que le bonheur est en haut : « Je me sens au sommet de ma forme, je suis au top », ou, à l'inverse l'idée que le malheur est en bas : « Il est tombé malade, sa santé décline, il est tombé bien bas. »
– *Structures* : les métaphores reposeront sur des glissements de structure et de vocabulaire ; un

1. George Lakoff et Mark Johnson, *Les Métaphores dans la vie quotidienne*, Paris, Minuit, 1985. Les auteurs sont professeurs de linguistique à l'université de Berkeley, Californie.

concept est exprimé, traduit avec les mots qui servent d'habitude à en définir un autre. Pour signifier l'idée que la discussion est une joute, une guerre, on dira « attaquer une position », « défendre un projet » ou, « il reste sur ses positions ».

– *Ontologie* : c'est encore un autre système qui concerne les expériences vécues par l'être en tant que tel ; on emploiera pour les définir un langage imagé, des métaphores qui impliqueront des objets ou des substances. Pour figurer l'idée que mon esprit est une machine : « J'ai l'esprit qui fonctionne mal aujourd'hui, je suis rouillé ce matin, je suis en panne d'idées. »

L'hypnothérapeute va réutiliser le symptôme manifesté par la personne traumatisée en le considérant comme la représentation métaphorique d'un problème lié à son histoire. Concrètement, on construit une histoire au contenu métaphorique « il était une fois... » qui, à un moment donné du récit, réintégrera le symptôme manifesté par la personne victime ; il faudra faire parfois diverses propositions métaphoriques jusqu'à ce que celle-ci se reconnaisse par-delà l'expérience consciente qu'elle a d'elle-même. Ainsi se produira le changement.

L'utilisation dans un état de conscience modifiée de cette technique de la métaphore rendra une cohérence aux personnes qui ont ressenti, à un moment dramatique, qu'elles n'étaient plus elles-mêmes, seulement l'ombre d'elles-mêmes confrontée à la mort. L'hypnothérapie apporte une réponse efficace et personnalisée tout en respectant l'espace de liberté, d'élaboration propre à chacun d'entre nous.

Les thérapies familiales

Mises en place dans les années 1950 aux États-Unis, elles émanent de deux grandes écoles : l'école de Palo Alto de San Francisco et le Family Institute de New York. Les thérapies familiales reposent sur la compréhension des symptômes d'un des membres de la famille qui sont en relation avec la souffrance que subit toute la famille : celui qui présente des troubles de comportement, un mal-être, porte en réalité la douleur de l'ensemble de la cellule familiale. Le but des thérapies familiales consiste à redonner aux enfants et aux autres membres de la famille la place qu'ils auraient dû avoir et que personne, dans le système parental dysfonctionnant, n'a pu ou su leur donner.

Lorsqu'un traumatisme a touché un enfant ou un des parents, la thérapie familiale, lorsqu'elle peut s'envisager, est indiquée si l'on souhaite rétablir une certaine harmonie. En général, le travail se fait en présence de deux thérapeutes : l'un intervient directement pendant la séance en favorisant la parole selon différentes techniques. Le second observe de l'extérieur (vitre sans tain) les interactions qui se produisent. À tout moment, il pourra intervenir, comme il l'entendra, en entrant dans la salle ou même en prenant le relais de son coéquipier. Il existe néanmoins d'autres modalités de fonctionnement en thérapie familiale.

Dans un cas d'inceste, par exemple, si la loi du père prime sur celle des enfants et de la mère, si un M. X ou Y décrète que « c'est normal que dans une famille... », la famille se retrouve plongée dans une totale désorganisation et impuissance. La loi de la jungle s'installe. Le travail de thérapie familiale tend à redonner un équilibre cohérent et une place à ces enfants perdus. À l'intérieur du cadre thérapeutique, le retour à la parole rétablira des liens vers la normalité pour tous les membres de la famille meurtrie.

Les constellations familiales sont un nouveau dispositif de thérapie familiale susceptible d'éclairer des secrets familiaux « handicapants ». Le spécialiste en France en est le psychologue clinicien Jacques Tencé. Écoutons ce qu'il a à en dire :

« Mise au point par Bert Hellinger[1], la technique des constellations vise à mettre du sens sur le malêtre ou la souffrance actuelle d'un sujet en éclaircissant un drame, un secret de son histoire familiale : c'est un travail individuel devant un groupe dans la lignée des psychothérapies transgénérationnelles.

Une séance de constellation se déroule en quatre phases :

1. Le patient énonce le mal-être qui l'amène et les drames connus dans sa famille actuelle et dans sa famille d'origine.

2. Le patient choisit parmi les membres du groupe des personnes qui vont le représenter et représenteront certains membres de sa famille, selon les indications du thérapeute. Il les place ensuite les unes par rapport aux autres au centre de l'espace et se rassied dans le groupe.ì

3. Le thérapeute travaille avec les représentants en leur demandant leur ressenti et en les déplaçant les uns par rapport aux autres : il est parfois amené à demander au patient de choisir et de placer d'autres membres de sa famille. Le thérapeute peut ainsi dégager la dynamique familiale et une identification du sujet blessé avec l'un de ses aïeuls. Il renoue ensuite au moyen de rituels entre certains représentants les liens qui avaient été rompus par les

1. Bert Hellinger et Gabrielle Ten Hovel, *Constellations familiales*, Barret-le-Bas, Le Souffle d'or, 2002. Bert Hellinger est psychanalyste.

drames familiaux : deuils non faits, injustices, guerres...

4. De ce travail émerge pour la personne en souffrance une image de sa famille où chacun a retrouvé sa place et où chaque membre est en lien avec les autres : c'est cette nouvelle représentation qui va induire un effet thérapeutique. Pour Bert Hellinger, nous portons tous en nous une image inconsciente de notre famille. Ce sont souvent les désordres de cette image qui entraînent un mal-être pouvant s'accompagner de troubles importants. Le travail des constellations vise donc à remettre de l'ordre dans la photo de famille.

L'originalité du travail des constellations repose sur l'utilisation du ressenti des représentants : choisi par le sujet « blessé » pour représenter une personne de sa famille, un représentant qui ne sait quasiment rien de cette personne en vient, par le simple fait d'être choisi et positionné dans l'espace, à ressentir dans son corps et ses émotions un vécu spécifique à chaque personne représentée.

Très marqué par la phénoménologie, Bert Hellinger attribue ce ressenti à une sorte de transfert d'information inconscient du client au représentant. Le travail des constellations est ponctuel et complémente parfaitement un travail psychothérapeutique classique. »

L'effet thérapeutique de ces séances – thérapies ou constellations familiales – conduit à une redéfinition de la cellule familiale tout en élucidant l'origine du grave dysfonctionnement traumatique. Les prémices d'un processus de résilience, par ce fait même, s'installent ; les zones de « pouvoir » identifiées seront modifiées progressivement jusqu'à ce qu'une structure familiale, stable pour chacun des membres, se mette en place.

L'EMDR, ou désensibilisation et retraitement par les mouvements oculaires

Cette technique, encore expérimentale, a été élaborée par la psychologue Francine Shapiro en 1987. Ce n'est pas une psychothérapie mais plutôt une approche globale des émotions par les mouvements oculaires. Contrairement aux apparences, il ne s'agit pas non plus de gymnastique oculaire, utilisée pour récupérer une meilleure vision. En revanche, nous pourrions parler d'une gymnastique cérébrale fondée sur le regard.

L'EMDR, lorsqu'un patient a été victime d'un traumatisme, réactiverait en effet des réseaux neuroniques bloqués et rééquilibrerait les hémisphères cérébraux. Cette approche globale de la personne vise à la désensibiliser à l'aide de mécanismes d'exposition : grâce à des séquences de quelques minutes de mouvements oculaires, la personne tente de retravailler sur une scène choisie de l'événement qu'elle a vécu douloureusement, pendant que le thérapeute l'amène à un retraitement des informations évoquées par la parole ou non.

D'autres stimuli, sonores, tactiles seront proposés après certaines séances de mouvements oculaires.

La désensibilisation et le retraitement par les mouvements oculaires fait de nombreux emprunts aux techniques cognitivo-comportementales et hypnothérapies.

Beaucoup d'études comparées en EMDR sont en cours pour valider la bonne prise en charge par cette technique des états de stress post-traumatiques. Dans *Guérir*, David Servan-Schreiber[1] écrit : « Quand la trace dysfonctionnelle des émotions est enfin éliminée par l'EMDR, les symptômes disparaissent souvent

1. David Servan-Schreiber, *Guérir*, Paris, Pocket, 2005.

complètement et une nouvelle personnalité émerge. » Si tel est le cas, permettez-moi encore d'en douter, il semble bien que l'EMDR puisse participer activement et rapidement au processus de mise en place de capacités de résilience chez une personne bloquée dans son histoire traumatique.

Les psychothérapies d'inspiration psychanalytique

Rachid Mimouni[1] osait dire, à la fin de sa vie, pendant ses années d'exil au Maroc, avec évidemment beaucoup de tendresse, d'autodérision et de détresse, que c'est tout le peuple algérien qu'il faudrait allonger sur le divan d'un psychanalyste. C'était à l'époque où les intégristes s'attaquaient à tous ceux qui osaient penser, écrire, chanter, jouer… Mais, au-delà des attentats, Mimouni parlait de la souffrance et des traumatismes des pays anciennement colonisés et, avant l'heure, du devoir de mémoire. La phrase a fait le tour de l'Afrique… où pourtant la psychanalyse a encore bien du mal à se frayer un chemin et où les plaies restent toujours aussi à vif.

En Occident, depuis Freud, la pertinence de la cure psychanalytique fondée sur l'investigation et le soin est dans l'ensemble largement admise, même s'il peut y avoir quelques querelles d'écoles. Les découvertes des processus inconscients, du rôle de la parole et des associations libres, du refoulement, des divers complexes, du transfert, des résistances, etc., représentent autant de mots que de théories qui ont révolutionné l'histoire des êtres humains.

L'approche psychanalytique s'effectue sur le long terme. Elle ne peut, à elle seule, réduire la souffrance

1. Rachid Mimouni, médecin et écrivain algérien, auteur, entre autres ouvrages, de *L'Honneur de la tribu*, Paris, Stock, 1999, *Chroniques de Tanger*, Paris, Pocket, 1998, et *Le printemps n'en sera que plus beau*, Paris, Pocket, 1997.

d'une personne victime d'un traumatisme, et c'est pour cette raison que ce type d'investigation ne s'entend que dans le cadre d'une thérapie bifocale, en partenariat avec un psychiatre et un support médicamenteux adapté.

On s'orientera par conséquent plus volontiers vers une psychothérapie d'inspiration psychanalytique qui s'effectue en face à face. La possibilité de transfert sera remaniée en une sorte d'alliance thérapeutique entre l'analysant et l'analysé. Le face à face produit des échanges construits autour de l'actualité de la personne, tout en effectuant des liens entre son passé et son présent. Ces psychothérapies conviennent aux adultes et aux adolescents qui trouvent ainsi la possibilité de donner à leur traumatisme une signification particulière.

Le travail de reconstruction se produira par la création de liens entre l'événement traumatique de la personne et son passé. La psychothérapie d'inspiration psychanalytique s'inscrit dans une démarche psychodynamique autour d'un travail de reconstruction.

La pratique de l'association libre nouée dans une alliance thérapeutique contribue à un mieux-être progressif. Par une meilleure compréhension de ses mécanismes de défense intrapsychiques, la personne établira des liens et du sens à partir de son traumatisme, ce qui la conduira à tisser progressivement sa résilience !

Pour conclure et refermer la porte des psychothérapies, il convient d'insister sur l'impossibilité d'imposer un seul modèle théorique. L'essentiel est d'apporter rapidement un soulagement à la souffrance extrême ressentie par une personne traumatisée. Parvenir à l'état d'équilibre antérieur au traumatisme est l'objectif primordial. Ce qui exige de fait rigueur, compétence et une expertise de la part du psychothérapeute.

Kant écrivait : « L'observation en moi-même des divers actes de la faculté de représentation, lorsque je les appelle à ma conscience, est bien digne de réflexion[1]. »

Sachons retrouver cette lumière qui est en nous pour laisser croître notre long processus de résilience, comme une dentellière à son œuvre humaine.

1. Emmanuel Kant, *op. cit.*

Conclusion

Résilience et éthique

L'éthique désigne une philosophie globale des conduites humaines. Elle est relative à la personne en société. Par la recherche de ce qui est bon pour les personnes ou les groupes sociaux, l'éthique fait appel à différents repères ou principes s'appuyant sur la morale. Il est donc naturel qu'en matière de résilience les différents acteurs qui prônent et appliquent ce concept de réparation se posent des questions sur la façon dont sont respectées ou non les valeurs morales dans leur travail, par eux-mêmes et par l'ensemble du corps médical et social. C'est ce que l'on appelle la déontologie.

Sommes-nous en droit de dire, par exemple, « vous êtes tous des résilients potentiels » ? Sommes-nous, au regard de la morale, autorisés à prétendre que les techniques que nous mettons en œuvre garantissent une réussite à cent pour cent et que, oui, nous en avons les preuves, tout un chacun peut vivre en harmonie ? Ne devons-nous pas être méfiants quant à la récupération qui est faite de ce processus qui pourrait facilement faire croire aux gens que, s'ils ne sont pas capables de dépasser leurs traumatismes, ils en sont totalement responsables ? Et que, oui, décidément, nous en avons la preuve, ils sont nuls ?…

Je l'ai déjà dit, pour moi, il n'y a pas que de grandes résiliences ! En tant que telle, la résilience est un formidable apport théorique clinique. Mais sa mise en œuvre reste encore très aléatoire, tant les paramètres identifiés, nous les avons observés en long et en large, sont variables d'une personne à l'autre. Ce concept offre cependant l'immense chance de changer notre regard sur l'être humain : enfin, il est possible de ne plus enfermer celui-ci dans le carcan de la fatalité ou de la vulnérabilité qui expliquerait tout... ou presque.

Critiques du concept de résilience

La première objection, que j'ai déjà émise à propos de ce concept mais sur laquelle je souhaite revenir, s'applique à la façon de présenter la résilience comme une possibilité d'accéder à une réussite éclatante accompagnée d'un destin hors du commun. Il y aurait les grandes résiliences et les autres... C'est la seule réserve que je pourrais avoir à l'égard de Boris Cyrulnik, pour qui, par ailleurs, j'ai une grande admiration. Dans *Un merveilleux malheur*[1], on peut lire : « Le coup que j'ai reçu a provoqué le recroquevillement d'une partie douloureuse de ma personnalité. Je ne pouvais exprimer que la partie saine, celle que les autres acceptaient d'entendre sans malaise. Aujourd'hui, je me suis rendu riche artisan, écrivain ou avocat. Cette réparation socialement acceptée me donne assez de distance et de souveraineté pour enfin exprimer ma personnalité. »

Sommes-nous totalement responsables de notre réussite sociale, pouvons-nous tous devenir de riches artisans, écrivains, avocats ? J'entends bien que Boris Cyrulnik, en s'exprimant ainsi, utilise une métaphore,

1. *Op. cit.*, Odile Jacob, p. 122.

mais comment penser que ceux qui ne connaissent pas la réussite sociale sont des irresponsables ? Ils peuvent être d'ailleurs – laissons de côté les empêchements à se réaliser – tout simplement dans une autre quête, plus spirituelle, par exemple. La résilience ne doit pas être une catégorisation, une forme d'exclusion, mais une ouverture d'esprit.

Pourtant, ce que l'on pourrait juger comme étant un point de vue élitiste n'a rien à voir avec la pensée humaniste de Boris Cyrulnik. Alors, soyons prudents et rappelons que la résilience est la capacité à surmonter un traumatisme tout en se développant normalement, que ce soit dans les petites ou les grandes épreuves. Réussir à prendre la parole en public pour une personne timide, sujette au trac, paralysée par la foule, est une petite victoire, mais quel triomphe pour celle ou celui qui a réussi enfin un jour à dépasser son blocage ! Or sa paralysie a peut-être pour origine un traumatisme ou un choc psychique (« si je parle, si je me mets en avant, je vais être puni », par exemple). Aucun autre lien pervers n'est à concevoir autour du concept de résilience, qu'il s'agisse de la réussite ou du « ratage » d'une vie. Ce point de vue subjectif dépend de la place où l'on se met pour juger d'une vie et de ses apparences... La carte n'est pas le territoire !

Il ne faut donc pas enfermer la résilience, la réduire à une réussite sociale. Le risque d'une telle interprétation serait de faire porter aux classes les plus défavorisées la responsabilité des difficultés qu'elles vivent, sous prétexte que certains individus réussissent à les surmonter et même à en sortir grandis. Et de faire croire aussi aux autres, qui appartiennent à des classes peut-être plus aisées, qu'à coups de thérapie tous leurs maux vont disparaître comme par enchantement et que le génie est à portée de divan...

La deuxième objection s'attache à la « nouveauté », controversée par un certain nombre de spécialistes, du mot « résilience », sous-entendu : on nous rebat les oreilles avec le mot résilience, en réalité, rien de neuf sous le soleil. Serge Tisseron[1], psychanalyste, a écrit à ce sujet : « L'idée de quelque chose qui résiste aux pressions sans trop se déformer ou pouvant retrouver sa forme, un peu comme un ressort, existe aux États-Unis depuis longtemps. Paul Claudel parle d'ailleurs de l'“élasticité américaine” : “Il y a dans le tempérament américain une qualité que l'on traduit là-bas par le mot *resiliency*, pour lequel je ne trouve pas en français de correspondant exact, car il unit les idées d'élasticité, de ressort, de ressources et de bonne humeur. »

Il est vrai que le mot « résilience » existe depuis longtemps, avec un sens proche de celui d'aujourd'hui, mais le concept de résilience va au-delà. Et c'est là précisément, dans cette extension, que se situe la nouveauté : issue de la psychologie sociale aux États-Unis, l'approche de la résilience a été profondément remaniée depuis plusieurs années grâce aux recherches faites sur les familles à haut risque au sein desquelles on a pu observer qu'un certain nombre d'enfants réussissent à rebondir alors qu'ils semblaient promis à un sombre avenir.

La troisième objection concerne le principe de solidité du processus de résilience. Serge Tisseron poursuit dans le même article : « Dans le domaine de la résistance psychique aux traumatismes, tout peut toujours basculer de manière imprévisible, notamment sous l'effet d'une expérience existentielle comme le décès d'un proche, l'éloignement d'un être cher ou même un simple déménagement. La “résilience” est peut-être belle comme une perle, mais elle n'est

1. Serge Tisseron, « Résilience ou la lutte pour la vie », *Le Monde diplomatique* du mois d'août 2003.

jamais aussi solide ! Or le problème réside dans le fait qu'on a pourtant toujours tendance à la considérer comme un fait acquis ou à acquérir. »

Ce procès d'intention sur la résilience manque de cohérence puisqu'il s'agit d'un mécanisme qui, par définition, se tisse dans le temps et qui est donc susceptible à tout moment de s'interrompre. La résilience est malléable et l'adaptabilité demeure la qualité essentielle pour que se poursuive l'installation d'un bien-être qu'il faut toujours observer avec précaution. La résilience n'est qu'un processus inhérent à la vie !

Un excès d'exposition à des stress provoquera un débordement psychologique chez la personne, qui n'arrivera plus à faire face. Ici, la question fondamentale est de savoir comment réenclencher le phénomène de résilience. Les divers soutiens, l'écoute, la disponibilité mais aussi les différentes thérapies évoquées précédemment représentent des moyens efficaces dans ces situations de rupture. Le but est d'aider la personne à recouvrer un équilibre rompu sans tomber dans la victimisation.

Il me paraît important d'aligner notre ligne de conduite sur quelqu'un comme Stanislaw Tomkiewicz, qui a toujours fait preuve d'un sens moral profond. « Un bon usage de la résilience, disait-il, devrait toujours se référer à des finalités éthiquement valables. »

Croire en la résilience, c'est redonner de l'espoir à celles et à ceux qui souffrent dans leur vulnérabilité.

Il est toujours possible de polémiquer, mais avec de vrais arguments. Ne citons alors que cette phrase d'Elie Wiesel : « Parler est interdit, se taire est impossible[1]. »

---

1. Jorge Semprun, Elie Wiesel, *Se taire est impossible*, Paris, Mille et Une Nuits, « La petite collection », 1997.

Vers une éthique des médias

Je voudrais, avant de parler des médias, rappeler simplement une évidence : voir renvoie à savoir.

Nous voyons, dans ce que l'on appelle les émissions de télé-réalité, puisque tel est mon propos, mais je pourrais aussi parler du traitement de l'information, des individus qui sont ou ont été confrontés à des événements traumatisants, de graves problèmes de santé, des handicaps, des divorces, des deuils... Ces personnes, qui, dit-on, sont consentantes pour venir raconter leur vie, nous sont « balancées » en pleine figure. Vous pardonnerez mes mots un peu lestes, mais, quand il m'arrive d'être captif-volontaire de ces images et transformé à mon insu en voyeur, je suis furieux. Bien sûr, je/nous pouvons zapper, mais reconnaissez que les producteurs font fort : il est évident que voir une personne « blessée » ou « rescapée » nous trouble d'emblée au point que nous oublions que les images ont été montées, manipulées pour nous donner l'impression d'assister à un événement hors du commun. Ça nous laisse bouche bée, rien n'est caché, tout se voit... et, en fin de compte, on ne sait que peu de chose du malheur que ces êtres ont vécu et peut-être surmonté, ni des ravages que ces images peuvent provoquer sur certains téléspectateurs.

Alors, oui, nous sommes en droit de demander des comptes, au nom d'une éthique et d'une morale : où est la réalité dans tout ça et comment se libérer lorsqu'on est captif ? Qui nous apprend aujourd'hui à regarder autrement une personne, au-delà de la carte, pour mieux appréhender son territoire[1] ?

---

1. Sur le décryptage des images, il faut mentionner l'émission hebdomadaire sur France 5 « Arrêt sur images », qui s'attache à proposer une autre lecture de la télévision.

Je me demande parfois, en rigolant, rassurez-vous, s'il ne faudrait pas mettre en place une cellule de soutien psychologique pour un certain nombre de producteurs de télévision qui se comportent comme des médecins spécialistes s'adressant à des spectateurs malades ! Humour noir mis à part, quelle étrange approche de l'humanité que cette façon de penser, croyez-moi, à peine caricaturée : « Moi, producteur de télé, je vous montre un individu hors du commun, "traumatisé" ; vous allez le voir, le comprendre, le déchiffrer ; vous allez peut-être vous sentir égratignés parce que vous êtes concernés, mais ça va être merveilleux, sensationnel (sexy, comme on dit dans les chaînes) ! » Pardon, mais c'est ignorer que l'individu résilient est comme un nuage que l'on devine parfois sans jamais le saisir tout à fait. Tout est montré de nos jours et, pourtant, tout n'est pas montrable. Tout semble visible, et pourtant le doute et l'incertitude sont dans l'invisible. L'image, en général, fait appel à des concepts et les concepts à d'autres images moins identifiables, plus profondes, inconscientes. Il faudrait peut-être y réfléchir d'un peu plus près. Se préoccuper de la santé des « cobayes » (objets de reportage) et de celle des « voyeurs » (téléspectateurs), leur montrer qu'ils nous inspirent du respect fait partie du domaine de l'éthique, me semble-t-il.

Les apports de Sigmund Freud et des divers courants psychanalytiques ont été primordiaux quant à l'interprétation collective ou individuelle de ce qui est donné à voir. L'acte qui consiste à poser les yeux sur l'image d'une personne précise conduit le sujet qui est en train de le faire à savoir dénommer tout ce qu'il voit, et cela en lui imposant un autre regard, plus inconscient celui-là, sur ce qu'il ne « perçoit » pas, ne reconnaît pas : le rapport intime à la souffrance. À lire dans le visible, les médias nous amènent, malgré nous, à réécrire le livre inconscient de notre propre histoire avec ses propres incompréhensions. Que pensent les médias de cette responsabilité incontournable existant dans l'acte de « modification » de l'image et de son intégration aléatoire au regard de l'histoire singulière de chaque personne ? Montrer, voir, savoir, penser, lire, entendre, écouter… un parcours propre à chacun qui le relie sans cesse à son aventure personnelle. Voilà précisément ce que suscite la résilience des « autres ».

Les médias ont aussi cette mission à remplir, éduquer pour rassembler les savoirs et les faire croître, ce que s'attachent à faire, heureusement, bon nombre d'émissions. Les personnes en résilience méritent d'être traitées avec une juste distance. Aux professionnels avertis des dangers d'une surmédiatisation d'ajuster ce qu'ils présentent à l'image à ce que cela représente pour les téléspectateurs.

Dans son *Traité de l'âme*, Aristote écrit : « Il n'y a pas une méthode unique pour étudier les choses. » J'espère, modestement, avoir réussi à ouvrir quelques brèches au fil de ces pages. Beaucoup d'emprunts, beaucoup d'approches scientifiques sont nécessaires pour comprendre et aider un être humain à la dérive. J'espère vous avoir aussi donné l'envie de continuer à chercher de nouveaux chemins. Tout est en mouvement, en perpétuel changement, et si l'on admet que c'est une chance, si l'on inculque aux plus jeunes l'idée que rien n'est joué d'avance, nous irons peut-être vers des lendemains plus justes. Simplement plus justes. Favoriser la résilience est un engagement citoyen.

Je tiens à remercier celles et ceux qui m'ont encouragé, Sophie par son soutien inconditionnel, Florence pour ses doigts de fée, et tout particulièrement Brigitte Vincent pour sa collaboration à l'élaboration de *Vivre et revivre*. Mon livre sur la résilience est aussi l'occasion de témoigner de ma gratitude à mes parents, à tous mes enfants, à mes tuteurs (Colette, Manolita, Roger, Mordo), à mes développeurs (Michel, Alain, Frédéric, Nelly, Samy, Emmanuel, Dominique, Pierre et Sylvie), à mes supporters (Brigitte, Nathalie, Béatrice, Isabelle), à mes vibreurs (Duras, Bosch, Kubrick, les Beatles, Christophe, les Doors, Kieslowski), à mes joies (musique, peinture, cinéma, écriture, hypnose) et même, dans une certaine mesure, à mes peines (famille d'accueil, maltraitance, abus sexuel, divorce). À l'amour que l'enfant triste a su prendre pour ce qu'il est.

Bibliographie

ANGEL P. et S., *Comment bien choisir son psy ?*, Paris, Le Livre de poche, 2000.

ANGEL P., *Le Bonheur en famille, psychologie de la vie familiale*, Paris, Odile Jacob, 2005.

ANGEL S. (sous la direction de), *Mieux vivre, mode d'emploi*, Paris, Larousse, 2002.

ANAUT M., *La Résilience : surmonter les traumatismes*, Paris, Armand Colin, coll. « Psychologie 128 », 2005.

ANTHONY E. J., CHILAND C. et KOUPERNIK C., *L'Enfant vulnérable* – Paris, PUF, coll. « Le Fil Rouge », 1982.

APPELFELD A., *Histoire d'une vie*, Paris, Le Seuil, coll. « Points », 2005.

ARISTOTE, *Rhétorique. Première étude, II*, Paris, Gallimard, coll. « Tel », 1998.

BOURGUIGNON O., « Facteurs psychologiques contribuant à la capacité d'affronter des traumatismes chez l'enfant », *in Devenir*, n° 12, 2000, p. 77-92.

BOUTEYRE E., *Réussite et résilience scolaire chez les enfants de migrants*, Paris, Dunod, 2004.

BOUVIER P., « Abus sexuel et résilience », dans l'ouvrage collectif *Souffrir mais se construire*, Fondation pour l'enfance, Ramonville, Érès, 1999, p. 125-162.

BOWLBY J., *Attachement et perte*, Paris, PUF, 1978.

CLAUDEL P., *Œuvres en prose*, Paris, Gallimard, coll. « Bibliothèque de la Pléiade », 1965.

COTTRAUX J., *Les Thérapies comportementales et cognitives*, Paris, Masson, 2004.

CROCQ L., *Les Traumatismes psychiques de guerre*, Paris, Odile Jacob, 1999.

CYRULNIK B., *Un merveilleux malheur*, Paris, Odile Jacob, coll. « Poche », 2002.

CYRULNIK B., *Le Vilain Petit Canard*, Paris, Odile Jacob, coll. « Poche », 2004.

DAHOUN Z. K. S., *Les Couleurs du silence*, Paris, Calmann-Lévy, 1995.

A. de SAINT-EXUPÉRY, *Le Petit Prince*, Paris, Gallimard, 1951.

FONAGY P., HOWARD STEELE M., HIGGITT A. et TARGET M., « The Emanuel Miller Memorial lecture 1192 – the theory and practice of resilience », *in Journal of Child Psychology and Psychiatry*, vol. 35, n° 2, 1994.

Fondation pour l'enfance (collectif), *La Résilience : le réalisme de l'espérance*, Ramonville, Érès, 2001.

Fondation pour l'enfance (collectif), *Prévenir le trauma d'une agression sexuelle : un éclairage à partir de la résilience*, Ramonville, Érès, 1999.

GARMEZY N., « Children in poverty : resilience despite risk », *in Journal of Psychiatry*, vol. 56, 1993.

GROTBERG E., *A Guide to Promoting Resilience in Children – Early Childhood Development : Practice and Reflections*, Bernard Van Leer Foundation, La Haye, 1995.

GUÉNARD T., *Plus fort que la haine*, Paris, J'ai lu, 2000.

IONESCU S., JACQUET M.M. et LHOTE C., *Les Mécanismes de défense : théorie et clinique*, Paris, Nathan, 1997.

« De la résilience à la bientraitance », *Journal des psychologues*, n° 216, 2004.

KANT E., *Anthropologie du point de vue pragmatique*, Paris, Vrin, 1994.

KELLEY-LAINÉ K., *Peter Pan ou l'enfant triste*, Paris, Calmann-Lévy, 2005.

KRELL Robert, « Child survivors of the Holocaust : strategies of adaptation », *in Canadian Journal of Psychiatry*, vol. 38, 1993.

LAKOFF G. et JOHNSON M., *Les Métaphores dans la vie quotidienne*, Paris, Minuit, 1985.

LEBIGOT F. et DE CLERCQ M., *Les Traumatismes psychiques*, Paris, Masson, 2001.

LOPEZ G., SABOURAUD-SEGIN A. *et al.*, *Psychothérapie des victimes*, Paris, Dunod, 1998.

LUTHAR S. S., « Annotation : methodological and conceptual issues, in research on childhood resilience », *in Journal of Child Psychology and Psychiatry*, vol. 34, n° 4, 1999.

MASTEN A. S. et COASTWORTH J. D., « The development of competence in favorable and unfavorable environments : lessons from research on successful children », *American Psychologist*, 53, n° 2, 1998.

MASTEN A. S., BEST K. M. et GARMEZY N., « Resilience and Development : contributions from the study of children who overcome adversity », *in Development and Psychopathology*, vol. 2, 1990.

MILLING KINARD E., « Methodological issues in assessing resilience in maltreated children », in *Child Abuse and Neglect*, vol. 22, n° 7, 1998.

MONTADON C., *L'Éducation du point de vue des enfants*, Paris, L'Harmattan, 1997

NATHAN T., *L'influence qui guérit*, Paris, Odile Jacob, coll. « Poche », 2001.

PAYCHENG O. et SZERMAN S., *À la rencontre de l'éthique*, Paris, Heures de France, 2005.

PEIRY L., *L'Art brut*, Paris, Flammarion, 2006.

RICŒUR P., *La Métaphore vive*, Paris, Le Seuil, 1975.

RUTTER M., « Resilience : some conceptual considerations », in *Journal of Adolescent Health*, vol. 14, n° 8, 1993.

SERVAN-SCHREIBER D., *Guérir*, Paris, Pocket, 2005.

SIMON V., *Abus sexuel sur mineur*, Armand Colin, Paris, 2004

SIRONI F., *Bourreaux et victimes, psychologie de la torture*, Paris, Odile Jacob, 1999.

SZERMAN S., *Le Guide du bien-être*, Paris, Pocket, 2003.

TISSERON S., « "Résilience" ou la lutte pour la vie », in *Le Monde diplomatique*, août 2003

TOMKIEWICZ S., *L'Adolescence volée*, Paris, Hachette, coll. « Pluriel », 2001.

VANISTENDAEL S. et LECOMTE J., *Le bonheur est toujours possible*, Paris, Bayard, 2000.

WERNER E. E. et SMITH R., *Sex Differences in Vulnerability and Resiliency – Vulnerable but Invincible. A Longitudinal Study of Resilient Children and Youth*, New York, Mc Graw Hill, 1982.

WERNER E. E., « Children of the Garden Island », *in Scientific American*, 1989, p. 106-111.

WINNICOTT D. W., *Jeu et réalité*, Paris, Gallimard coll., « Folio Essais », 2002.

ZWEIG S., *Le Monde d'hier, souvenirs d'un Européen*, Paris, Le Livre de poche, 1996.

Adresses utiles

Centres de psychothérapie

Centre Pluralis, 29, rue François-Ier, 75008 Paris. Tél. 01 47 20 60 99. Site Internet : www.pluralis.org

Centre Georges-Devereux, 2, rue de la Liberté, université Paris-VIII-Saint-Denis (93066). Tél. 01 49 40 67 89.

Centre de thérapie familiale Monceau, 91, rue Saint-Lazare, 75009 Paris. Tél. 01 53 20 11 50.

Centre Résilience, 89, rue d'Assas, 75006 Paris. Tel. 01 46 34. Site Internet : www.resilience.fr

Associations

INAVEM, 14, rue Ferrus, 75014 Paris. Tél. 01 45 88 19 00.

Institut de victimologie, 131, rue de Saussure, 75017 Paris. Tél. 01 43 80 44 40.

Association française de programmation neurolinguistique, 2, square Vermenouze, 75005 Paris. Tél. 01 47 07 64 56.

Fédération nationale des écoles des parents et des éducateurs, 5, impasse Bon-Secours, 75011 Paris. Tél. 01 44 93 44 70.

Association Primo-Levi, 107, avenue Parmentier 75011 Paris. Tél. 01 43 14 08 28. E-mail : primo-levi@primolevi.asso.fr. Site Internet : www.primo-levi.asso.fr

Association française de thérapie comportementale et cognitive (AFTCC), 100, rue de la Santé, 75014 Paris. Tél. 01 45 88 78 60.

Sites internet

www.resilience.fr
www.psychasoc.com
www.quebecadoption.net
www.hypnotherapie.fr
www.atd-quartmonde.org
www.lecoaching.fr

Services téléphoniques

Inter-services parents
Île-de-France : 01 44 93 44 93
Isère : 04 76 87 54 82
Loire-Atlantique : 02 40 47 71 28
Haut-Rhin : 03 89 24 25 00
Moselle : 03 87 69 04 87
Rhône : 04 72 00 05 30

Recherche et Rencontre (lutte contre l'isolement) : 01 42 78 19 87

SOS Dépression : 01 42 22 44 44
Écoute parents : 01 44 93 44 86
Solidarité Vieillesse : 0810 600 209

Formations

Association française de thérapie comportementale et cognitive (AFTCC), 100, rue de la Santé, 75014 Paris. Tél. 01 45 88 78 60.

Institut français d'hypnose, 23, rue de La Rochefoucauld, 75009 Paris.

Table

Achevé d'imprimer sur les presses de

BUSSIÈRE

GROUPE CPI

à Saint-Amand-Montrond (Cher)
en avril 2006

Composé par Nord Compo
à Villeneuve-d'Ascq

N° d'édition : 46284. — N° d'impression : 061375/4.
Dépôt légal : avril 2006.

Imprimé en France